霊性の証言

ヨーロッパのプネウマ物語

金子晴勇

Haruo Kaneko

ぷねうま舎

装丁＝矢部竜二
Bowwow

目次

序文　物語による霊（プネウマ）の証言……5

第一章　古代ギリシア・ローマの守護霊――11

はじめに……11
1　ホメロス物語と霊性の発現……14
2　ギリシア悲劇における霊の働き……18
3　ソクラテスの守護霊……23
4　ウェルギリウスの守護霊……27
5　古代ローマ文学における守護霊……31

第二章　聖書の霊性物語――37

はじめに……37
1　天地創造の物語……40

2 アブラハムの天使とヤコブ父子の夢の物語……45
3 モーセにおける神の顕現……53
4 ダビデの回心物語 ……58
5 イザヤの召命物語……62
6 ヨブの信仰と試練の物語……67
7 荒野の誘惑物語……71
8 悪しき霊に憑かれた人の物語……77
9 イエスとサマリアの女の物語 ……80
10 放蕩息子の物語……85
11 パウロの回心物語……90

第三章 キリスト教古代と中世――95

はじめに……95
1 砂漠の師父アントニオス物語……98
2 ラクタンティウスにおける天使と悪魔……103
3 アウグスティヌスのダイモン批判……108
4 ベルナールと愛の物語……112

5　ヒルデガルトの幻視物語……117
6　フランチェスコの聖痕物語……120
7　ダンテの『神曲』物語……125
8　ベギンの「ミンネ」物語……128
9　ジェルソンの『薔薇物語』批判……132

第四章　ルネサンスと宗教改革――137

はじめに……137
1　エラスムスの「痴愚神」物語……140
2　ルターの「神とサタンとの闘争」物語……144

第五章　近代文学における霊性物語――149

はじめに……149
1　シェイクスピアの「亡霊」物語……152
2　ミルトンの「失楽園」物語……158
3　バニヤンの「溢れる恩恵」物語……163

4 レッシングの「賢人ナータン」物語……167
5 ゲーテの「ファウスト」物語……172

第六章 現代思想における霊性物語――177

はじめに……177
1 ドストエフスキーの「悪霊」物語……182
2 キルケゴールの「死にいたる病」……187
3 ヴェーバーの「亡霊」物語……192
4 シャミッソーの『ペーター・シュレミールの不思議な物語』……197
5 シェーラーの「ルサンティマン」物語……201
6 ヒトラーとの「闘争」物語……205

終わりに……213

注……219
あとがき……237

序文　物語による「霊」(プネウマ)の証言

わたしはこれまで人間学的な視点から人間の心の深部に宿っている「霊」(プネウマ)とその作用である「霊性」について学び続けてきた[1]。この霊は自己を超えた超越的な力の働きかけにより、その影響を受けて活動を開始する。この外からくる力はヨーロッパ精神史では悪魔的な勢力をもって臨むこともあるが、キリスト教においては恵み深い神の力としてあらわれる。したがって、このような外からの力を受けて発動するわたしたちの霊は、神と悪魔との闘争場裡となることもしばしばであった。その結果、悪しき力は人間を支配して破滅に向かわせることもあれば、神の霊によって人間を再生させることもある。

すべての人がもちろんこの霊をもっており、これによって人間は永遠者へと引き寄せられる。その場合、心や霊を満たすものは永遠なる神であるが、そこに間違って有限なものが闖入《ちんにゅう》すると、それは「偶像」となる。この偶像がわたしたちのあいだで悪魔的な力を発揮することもしばしば見られる。とくにわたしたちが「有限な財」に絶対的な信頼を寄せると、「財の偶像化」が起こる。この点を現代人間学の創始者マックス・シェーラーは次のように説明する。すなわち、「人間は自分の作った偶像に魔法にかかったように縛りつけられ、それを〈あたかも〉神であるかのごとくもてなす。このような財をもつか、もたぬかという選択は成り立たない。成り立つのはただ、自分の絶対領域に神を、すなわち宗教的作用にふさわしい財をもつか、それとも偶像をもつか、という選択だけである」と。(2) この偶像には、財産・国家・無限の知識・異性などがなりやすい。そこには昔の神秘家が「ものの虜となる」(vergaffen)といった現象が起こる。そしてこのような虜となった者の心や霊は偶像によって支配され、たとえば「有限な財」を絶対視するとマモン(財神)が猛威をふるうし、アフロディテ(愛欲神)やリビドー・ドミナンディ(支配欲)などのデーモンが荒れ狂うようになる。日本人の場合にはこの事態がとくに金銭や利益を過度に追求することで起こっており、その結果、本来あるべき心や霊の働きが失われたり、間違って転倒し、悲惨な生活に転落するなどのことがしばしば見受けられる。

ところでこの霊は、その作用を「霊性」の語で表すことができるが、それは同じ心の作用である感性や理性とも密接な関連のもとに考察することが可能であり、霊性が生活全体を導くようにすることもできる。こうした導きは人間の生の営みのうちに一貫して流れているのである。それは抽象的に頭だけで把握されるよりも、むしろそれぞれの人が個性的に営む生の歩みの中に表出されており、とりわけ「生活史」(Lebensgeschichte) つまり「人生物語」の中によく表現されている。

そこで人生物語における霊性の表出に注意を向けてみよう。一人として同じ人間がいないように、各人が営む人生は独自な物語として語られうる。実際、他の人の目には隠された人格の特質が、個々人がそれぞれ生きた生活体験の中に生き生きと表明されているのではなかろうか。それはしばしばわたしたちに驚きやときには畏敬の念を抱かせる。こういう人生の物語には抽象的な概念では表現できない独自な体験が含まれており、それが自伝や物語によって表出される。

現代解釈学の哲学者リクールは、「物語的自己同一性」という概念によって人間にとって意味のある時間と通常の時間とが、物語によって統合され、形象化されうると主張した。彼によると人生物語とは物語の筋にほかならず、筋とは出来事の組立てであり、それが物語の論理を構成し、これによって人間の行為がよく理解されるようになる。これが「物語的理解」である。したがって「人間とは何か」という問いは、こうした人生物語によって生き生きとした姿をもって答えられる。というのも人生を一つの物語として語ることによって、そこにいつも変わらずに表現されている「自己同一性」(identité) が把握されるからである。ある人物が「誕生から死まで伸びている生涯にわたってずっと同一人物である、とみなすのを正当化するもの」は物語しかない。実際、「物語は行為の誰を語る。それゆえ〈誰〉の自己同一性は、それ自体物語的自己同一性にほかならない」[3]と言われる。ここに誕生から死に至る全生涯を通して自分が同一人物であることが証しされる。その際、この「誰」の首尾一貫した同一性こそ自己同一性であって、そこに自己を一つの物語として語る「物語的自己同一性」が認められるのである。

この物語の第一の形態は、読み手と書き手とが同一である「自伝」である。第二の形態は、ある共同体の歩みを物語った「歴史」である。だが歴史における自己同一性は、時間過程で変質することがあるので、各人の主体の特質を汲み尽くすことはできない。各人の個人的な特質が真の自己性を獲得するためには、どうしても倫理的責任をとる決断や決意がなければならない。それは「各人に、わたしはここに立つ、と言わせる決意」であって、たとえばルターの場合にはヴォルムス国会における決意が不可欠なのであって、それはまさしく物語として伝えられる[4]。

こうして人生物語には各人に固有な生き方が表明されており、そうした表明の中でわたしたちは生活の深みに存在する姿をも把握することができる。この各人の最深の自己は、心の最深部にある「霊」もしくは「霊性」(=霊の作用)と呼ぶことができる。もちろん各人の置かれた歴史的・文化的状況によっては、霊と霊性の現象の仕方は相違するであろう。たとえばギリシア文化とヘブライ文化とでは、人間の理解も世界の理解も相違するし、仏教とキリスト教ではまったく異質な霊の理解を生み出している。しかし、もしわたしたちが霊性の機能(つまりその作用や働き)に限定して考察すれば、内容的に対立する霊性の相違の中にあっても共通する要素を取り出すことができよう。わたしたちはこの共通点をともに確認することによって、同時に霊性の特異性や異質性をも互いに理解し、かつ、承認し合えるのではなかろうか。

ところが一般的に言ってこの霊とか霊性などはあまり明瞭に表出されていない。それゆえ、これまでこの概念は注目されてこなかった。たとえば聖書が語る有名な「放蕩息子」の物語でも、霊や霊性は暗示的にしか述べられていない。放蕩三昧に耽った息子は食べ物がなくなったとき、次のように言った。「そこで、彼は我に返って言った。〈父のところでは、あんなに大勢の雇い人に、有り余るほどパンがあるのに、わたしはここで飢え死にしそうだ。ここをたち、父のところに行って言おう、「お父さん、わたしは天に対して、またお父さんに対しても罪を犯しました」〉と」(『ルカ福音書』一五章一七―一八節)。ここでは「我」に返って罪の告白がなされている。この「我」は「自分自身」の意味である。だがこの「我」や「自分自身」については、何も具体的に語られていない。それはこの物語が実は息子についてではなく、その父親である神について語っているからである。もちろん物語られている「我」は「内心」であるし、その内心の奥には何かが働いており、これまでの行動を罪として捉えている。それゆえわたしたちは罪の自覚をもたらす霊性がそこに働いていると推測できる。とはいえ、それは推測にすぎず、確たる証拠や証言とは言えない。だが、先に述べた物語的同一性によって息子の中に常に働いている機能を「霊性」として指摘することはできる。

こうした霊性の働きを、わたしたちは古今の多くの物語を通して確認し、その証言を通して霊性の理解を促進することができるのではないだろうか。わたしは本書において、ヨーロッパにおける宗教と文学の歴史をたどり、そのような試みをしてみたい。つまり物語として、霊性の働きを説き明かしてみたいと思うのである。

第一章　古代ギリシア・ローマの守護霊

はじめに

ギリシア哲学の開祖タレスはエジプトに旅行し、その地で僧侶によって創始されていた占星術や土地の測量術を学び、そこから天文学と幾何学という科学を生みだした。こうしてタレスによって、僧侶の天啓による「神話」から理性的な「知識」への転換が行われ、哲学が誕生した。タレスの有名な言葉、「万物の始原は水である」を考えてみても、そこには「万物」という普遍的思考と、「始原」という「究極原因」を求める哲学的探求の精神とが見いだされる。しかし同時にそこでは、「水」という個別的であり、しかも古代のバビロン神話では「神々」（ティアマトとアプスー）を指し示す神話的な表現が使われた。つまりタレスは依然として神話の世界に生きており、「世界は神々に満ちている」とも語っていた。

さらに時代がくだって、哲学が定着したギリシア啓蒙時代に入っても事情は同じであって、哲学は神話から誕生したのである。たとえばプラトンの哲学には多くの神話が用いられており、神話の時代から哲学の時代への移行過程にあることがうかがえる。一例をあげると、愛の神エロースは「偉大なるダイモン」として理解され、天上の全知者なる神と地上の無知なる人間との間を仲介する神霊であると理解された。このダイモンはソクラテスに語りかけてその良心に警告を発し、人間としての歩むべき道を天啓のように指し示したのであった。またソクラテスと同時代の悲劇作家ソフォクレスの代表作『オイディプス王』には、このダイモンが、幸福の絶頂にあった王を不幸のどん底に突き落とす有様が見事に描かれている。この作品が一つの典型として物語っているように、ギリシア人には秩序ある世界（コスモス）の背後に混沌たるカオスが渦巻いていることが知られていた。そこでは、「運命の女神たち」（モイライ）や「復讐の女神たち」（エリーニュエス）、また狂気の擬人化である「破滅の女神」（アーテー）が人間に襲いかかろうと身構えている。アイスキュロスの「オレステイア三部作」にも、このダイモンたちが人間の力を超えた恐るべき姿で登場する。だが、ダイモンたちもアテーナ女神の執り成しによってなだめられ、そこに平和の世界が誕生する。このような理性を超えた、神的な超自然な力の支配こそ神話が物語っている世界であり、ギリシア神話はそれを壮大な叙事詩によって表現したのである。

エリアーデは、「神話は聖なるものが世界へ侵入する、さまざまな、そしてしばしば劇的な有様を述べている」と言う。また、「世界が現に創立され、今日あるようになったのはこの聖なるものの突然の介入によるのである」[1]とも述べる。聖なるものは世界を超越していても、その力で人間の存在に迫り、支配しようとするのである。神話はこの出来事を宇宙創成の物語として語ったが、宇宙創成の出来事を因果関係にもとづいて説明したわけではない。そうではなく、人間とその世界とは合理的には説明できない力によって創られ、支えられていることが、神話によって告知されているのである。この力としての聖なるものに触れて、人は初めて始原の創造的な力による新生を経験し、自己の根源的被造性の自覚とともに、聖なるものの支配秩序に服すべきことを知る。ここに宗教的意識の芽生えが見られるのである。

一般に広く流布している考えではあるが、ホメロスが描いた神話的なオリュンポスの十二神をギリシア宗教の出発点に置くことは間違っている。それ以前の原始的な呪術の段階を通ってギリシア宗教は発展してきたのであり、ギルバート・マレーによれば、その第一段階はゼウス以前の「原始的無知の時代」であった。それは文化人類学者たちが、世界の至る所の未開社会において並行現象を見いだしている時期であり、プロイスによって「原蒙昧」(Urdummheit)と呼ばれている時期なのだが、すでに古代ギリシアにはすぐれた特質と美的な精神の向上が認められるのである。古代社会では、人は絶え間のない死の不安に曝され、野獣・洪水・疫病・飢饉・他民族の侵略に脅かされていた。そこから呪術による禁忌や贖罪《しょくざい》、さらに祈禱や生け贄（人身御供）などの行事が必然化したと理解される。それに続く第二段階は、「オリュンポス的、あるいは古典的段階」と呼ばれる。それは原始的な曖昧模糊としたものが新しい秩序によって治められる段階であり、オリュンポスの神々による支配は一種の宗教改革と考えられる。それはホメロスとヘシオドスによって語られた神話の世界であり、英雄の時代ではあっても、実際はギリシア人の想像力による創作であった。その神のペルソナは空《くう》の面（マスク）にすぎず、人となることがないため個人性をもたない。そして、山頂に造られた自身の国、それはエイドス（見られた形姿）にほかならない。これに続く時代が、タレスに始まるイオニアの哲学なのである。[2]

この時代には、表現形式として「神話」（mythos= 物語）が用いられ、「霊」は「守護霊」であるダイモンとして物語られた。[3]

1　ホメロス物語と霊性の発現

オデュッセウスはトロイア戦争後、祖国に帰還する間に数々の危険に直面した。それが『オデュッセイア』の冒険物語として記される。その物語の一つ、「魔女キルケの物語」では、オデュッセウスは秘薬を使う魔女キルケの島に寄港する。そして、彼の仲間の半数が、キルケを魔女とは知らずに魔法の薬草を混ぜた飲物を飲まされ、種々の動物の姿に変えられてしまう。この災難を、一人屋敷の外に残っていた部下の報告によってオデュッセウスは知り、部下たちを取り戻そうとキルケの広大な屋敷に向かう。そしてその途次、青年に扮した神の使いヘルメイアスによって秘策を授けられ、薬草を携えて、その屋敷に乗り込む。それに先立って神の使いヘルメイアスは、次のように語ってオデュッセウスに窮地を脱する方法を教える。

気の毒なお人よ、土地不案内の身でありながら、たったひとり山中を歩いて一体何処へ行こうとなさるのか。あなたのお連れたちは、あそこに見えるキルケの屋敷の中で豚のように、厳重な囲いの中に閉じ込められているのです。あの人たちを救おうとして、ここへおいでになったのですか。救うどころかあなた御自身も無事には帰ることができず、あの人たちと同じ場所に居残ることになるは必定です。しかしよろしいか、わたしがあなたを危険から守り、救ってあげましょう。ほれ、この秘薬を携えて、キルケの屋敷へ行かれるがよい。この薬草があなたの身から、恐ろしい破滅の日を防いでくれましょう。ところで、キルケの恐るべき企みを残さず話してあげますが、彼女はあなたのためにキュケオーンという飲物を調合し、それに毒を混ぜるでしょう。しかし、そうはしてもあなたに魔法をかけることはできますまい、今お渡しする秘薬がそれを許さぬからです。[4]

この語り口は、まさしくギリシア人の守護神のそれにほかならない。神話時代のギリシアでは、さまざまな霊（精霊）が物語られており、その中にはダイモン（守護霊）と呼ばれるものとそうではないもの、つまり自然の精霊や死者の霊などがあった。たとえば、霊の一つケールは、幽霊であって、恵み深いこともあるが、悪夢・盲目・狂気を引き起こすことのほうが多い。またヘーロースは、もともとは死者の霊だが、有害な活動をすることがある。その働きが、いつも人間にとって有害な霊もいる。ゴルゴンは、冥界または深海のダイモンである。その中でももっとも恐ろしいのが、獰猛な牙をもつメドゥーサで、その髪は蛇であった。セイレーンは海の怪物、ヒュドラーは多頭の大蛇、ケルベロスはハデス（冥府）の入口を守る番犬であった。死者の怨みをはらす狂暴な霊、エルニューエスたちは復讐する幽霊で、行いを慎むよう警告するものであった。[5]

ホメロスの作品にもダイモンが登場する。そこには未だそれが霊であるとの認識はないが、守護霊としての導きは感じ取られていた。ギリシア語のダイモンは必ずしも悪なるものを意味するわけではなかったのである。『イリアス』では、ダイモンはたびたびテオス（神）と同義語として使われる。だが『オデュッセイア』では、ダイモンという語は肯定的な意味より否定的な意味をもつことのほうが多く、ホメロス以後の同義語であるダイモニオンと同じく、なお多義的である。ホメロス以後には、ダイモンは一般に神より劣る霊的存在と考えられた。[6]

守護神ヘルメイアスは、オデュッセウスに仲間を救う方法を教えるばかりか、魔女から変身したキルケもやがては善い守護神となって数々の危険を克服する道を教える。オデュッセウスはキルケに見送られて出航する。そして、美声によって人を誘惑し、引き入れるセイレーンの島を通過するとき、仲間たちはみな耳を臘でふさいだが、彼は歌を聴こうと、自分をマストに縛りつけさせた。歌を聴いたオデュッセウスは海に身を投じて、セイレーンのもとへ行こうとするが、部下の者たちは彼をかたく縛り、なんとか無事にそこを通過することができた。さらに次の試練では、一方の断崖に海の魔女スキッラが、他方の断崖にカリュビディスがいて、オデュッセウスを災難に陥れようとする。これを見たアテーナ女神の嘆願によって、ゼウスは使者ヘルメースをその地に使わすこととなり、オデュッセウスは難を逃れることができた。

こうした叙述に、この作品の特徴がよくあらわれている。すなわち、『イリアス』では神々が直接に手をくだすのだが、『オデュッセイア』では神々は援助の手を差し出して、オデュッセウスが陥った窮地を脱するように取りはからうのである。これこそギリシア人の命を守った守護神にほかならない。その中にはキルケのように悪しき魔女から善い守護神に変身したものもいる。こうして守護神は、ダイモンとして危機に際しては人々に勇気を吹き込んだり、あるいは分別を奪い取ったりもする。さらにソクラテスのダイモンでは、それが「警告」の働きをするのである(7)。

しかしホメロスでは、元来ダイモンはアーテー（狂気）として理解されており、それは非理性的なものを表し、理性的な行動をするものではなかった。[8]そして、狂気の攻め込む場所が人間の心胸であった。また、狂気を引き起こす力は、正体のわからないダイモンか、神か、神々であるが、特定のオリムポスの神であることは稀であった。ダイモンは時折、復讐するエリーニュエスの霊としても登場する。さらに狂気は「罰」として表象され、道徳的なものに合理化されることもあった。たとえばヘシオドスは、それを傲慢に対してくだされる罰とみなし、「貴族といえども罰〔アーテー〕を逃れることはできない」と言う。そして、このような「悪の負債」は罪人の生存中に支払われなければ、彼の子孫の上にくだると考えられた。さらに、罰としての狂気は拡大解釈され、罪人の心の状態を指すばかりか、次の悲劇時代にはそのような心の状態から結果する災厄《さいやく》をも指すようになる。[9]そして災厄は、「利得」や「安寧」と対照をなす「破滅」という一般的な意味を獲得する。こうした狂気から破滅への移行は、「神は、滅ぼさんと欲する者を、まず狂気に落とす」という残忍な教説にあらわれているのである。[10]

2　ギリシア悲劇における霊の働き

アイスキュロスの「オレステイア三部作」では、アガメムノンの息子オレステスは父の復讐をはかって、母親を殺害する。すると復讐するエリーニュエスの霊たちが彼を追ってくる。彼は母親殺しの罪に穢《けが》れた者としてアテーナ女神に助けを求め、その神域にある奥殿へと入ってゆき、聖《きよ》い神石の辺りに座りこんでいた。すると、霊たちが襲ってくる。

だが、その男の前にです、何と言いようもない奇怪な女の姿の、一群れが眠っているのです、台座の上に腰を据えて。いえ、女とは言うまい、ゴルゴンどもです、でもさあ、ゴルゴンともまた様子がちょっと違いましょうか。以前に私はピネウス王のご馳走をさらっていく（ハルピユイアイの）絵を見ましたが、それとは翼のない姿は違っているものの、すっかり黒ずくめのところや、忌まわしい気持のわるい様子はそっくり。それがいびきをかいている吐息の凄じさは近よりようもないほど、眼からはまた、嫌らしい汁を垂らして。その着物とて、神さま方の御像の前では身に着けるのも障りがあるもの、世の人の住居に入るさえ侍りがあろう、このような族のものの寄り集りは今までかつて見たこともない、またどのような国も、こうしたたぐいを平気でもって養い育てて得意がり、その骨折りを後悔しないところはあるまい(11)。

「霊」の姿は、このように不気味に描かれる。これは、悲劇時代に入って、ギリシア人の「霊」（ダイモン）理解がいっそう明確になってきたことのあらわれであろう。アイスキュロスは、ダイモンを単に人間を破滅へと誘う悪霊であると考える。こうした悪霊が、ホメロスの時代には実際に恐れられていたのである。たしかに『アガメムノン』に登場する巫女カッサンドラは、地下の国でとぐろを巻いているエリーニュエスの霊たちを、人間の血に酔い痴れたダイモンの群れと見る。(12) しかし、『慈しみの女神たち』に登場する女神アテーナは、その執り成しによって悪霊の世界を理性的正義の新世界へと変容させる。このようにアイスキュロスは、復讐の連鎖する世界がいっそう高い次元において変貌するように願った。

この時代のダイモン理解の特質は、ソフォクレスの作品『オイディプス王』からもみてとることができる。オイディプスは、人びとがこぞって羨む知力と権力、富と名誉からなる幸福を一身にそなえたテーバイの王である。しかしながら、そのあらゆる人が「幸福」と考える、オイディプスという人間の根底に、暗い宿命の負い目が顔をのぞかせる。オイディプスは、父を殺害し、母を妻とした過去をもっていた。彼を破滅に追いやる悪しき宿命が突如としてあらわになる。宿命が次第に明らかになってくるときの有様を、オイディプスと王妃イオカステとの会話は、次のように語る。

その話を聞いてたったいま、妃よ何とわが心はゆらぎ、わが胸は騒ぐことであろう。
おそろしい不安が、わたしの心をとらえる。

ああ人もしこれをしも、むごい悪霊のなせる仕業と言わなければ、このオイディプスの身の上を、ほかに何と正しく言うすべがあろう。(13)

オイディプスは、破滅を予感し、それを悪霊であるダイモンの仕業に帰している。合唱隊は、オイディプスが両眼をくりぬいて舞台にあらわれたとき、嘆きの歌を次のように歌い、そこにダイモンの仕業をとらえる。

おおおそろしや、見るにも堪えぬ苦難のお姿！
わが目はかつてこれほどまでむごたらしい
観物をしらぬ。いたましや、どんな狂気があなたを襲ったのか。
どんな悪意のダイモンが
めくるめくかなたの高みより跳びかかり
幸うすきあなたの運命を苛んだのか。(14)

オイディプスの日常生活はダイモンの力によって破壊され、幸福な生活と思いなしていた自己がいかに霊力によって弄ばれていたかを、彼は悟る。この明朗な知性の人に忍び寄る破滅の予感は、ギリシア的憂愁の情念を見事に表している。世界は秩序ある美しいものであるが、その根源には秩序以前のカオス（混沌）があり、そこには破滅（アーテー）と宿命（アナンケー）のダイモンが荒れ狂っている。生の現実はこのようなカオスであることを、ギリシア人は知っていたのである。

したがって人間は、このカオスから逃れ、新しい神々の支配に服さざるを得ない。そして、この神々に名前をつけることと言語の発生とは関連をもっているのである。(15) 神々の名は名称の世界を導きだし、そこから言語による世界の統一的秩序が発生して、人間の文化世界が形成されることを、悲劇は語っている。さらに人間は技術を身につけ、生活の中に形を造りだす。形は類的な普遍と特殊な個体とを統合する。それゆえに形は、個性的で具体性をもっている。人間はこの形の中で育成されながら、形を発展させ、新しく創造してゆくが、それでも形の背後にあるカオスから自由になることはない。かえって形の文化が進むにつれて、やがてその形は形骸化し、人間の手になる人工物に変質する。人工的世界にまで文明が発展すると、そのときにはもとの世界が蔽《おお》われて見えなくなる。こうして文化の発展は根源的生から後退し離反するが、人為的に形成された形の文化が崩壊するとき、人間はふたたび、もとの世界を直接に経験することになる。こうして、わたしたちは始原の世界に再び直面するのである。ただし、そこへと単にもどるのではなく、もとの世界の根拠となっているものに帰還し、そこから世界を受けとり直さなければならないのだ。これが世界と自己とを学び直す精神的経験である。経験の世界に対する、こうした自覚的な反省によって、神話から哲学への発展がギリシア世界に相次いで生じたのである。

3　ソクラテスの守護霊

『ソクラテスの弁明』で、ソクラテスが死刑の判決を言い渡されたとき、彼の守護霊であるダイモンは「神の例の合図」を送ったと語られる。またソクラテスは言う、「諸君は度々その話を聞かれたでしょうが、わたしには、何か神からの知らせとか、鬼神〔ダイモン〕からの合図とかいったようなものが、よく起こるのです。これはわたしには、子供のときから始まったもので、一種の声となってあらわれるのであって、それがあらわれるときは、いつでも、わたしが何かをしようとしているときに、それをわたしにさし止めるのであって、何かをなせとすすめることは、いかなる場合にもない[16]」と。

それはつまり、裁判官諸君——というのは、諸君こそわたしが、正しい呼び方で、裁判官と呼べる人たちなのだ——わたしに妙なことが起こったのです。というのは、わたしにいつも起こる例の神のお告げというものは、これまでの全生涯を通じて、いつもたいへん数しげくあらわれて、ごく些細なことについても、わたしの行おうとしていることが、当を得ていない場合には、反対したものなのです。ところが今度、わたしの身に起こったことは、諸君も親しく見て、知っておられるとおりのことなのであって、これこそ災悪の最大なるものと、人が考えるかも知れないことであり、一般にはそう認められていることなのです。ところが、そのわたしに対して、朝、家を出て来るときにも、神の例の合図は、反対しなかった。また、この法廷にやって来て、この発言台に立とうとしたときにも、反対しなかったし、弁論の途中でも、わたしが何かを言おうとしている、どのような場合にも、反対しなかったのです。……例の神の合図が、わたしに反対しなかったということは、わたしのこれからしようとしていたことが、何かわたしのために善いものではなかったなら、どんなにしても、起こり得ないことだったのです(17)。

このダイモンのお告げは良心の声に似ていて、宗教的な守護霊のような働きをする。ソクラテスの時代の人々は、死者や先祖の霊を正しく埋葬し祀っておくと、それは善いダイモンとして守り神になると信じていた。それは彼の行動が善い結果となるように警告したエウダイモン（善霊）となっており、この霊の授けるものこそエウダイモニアつまり「幸福」にほかならない。
ソクラテスの弟子プラトンは、ダイモンに関する師の見解を踏襲しながらも、それを彼の哲学的な世界理解から捉え直し、『饗宴』ではダイモンを天と地とを媒介する「愛の神」として解釈する。

ディオティマは言った、「それは死すべきものと不死なるものの中間にあるのです」。

「ディオティマ、何でしょう、それは?」

「ソクラテスよ、それは偉大なる鬼神〔ダイモン〕なのです。けだし、鬼神的と名のつくものは一切、神と死すべきものとの中間にあるのですから」

「どのような能力を持っているのでしょう」わたしは言った。

「神々へは、人間から送られることを、人間たちへは、神々から発せられることを、それぞれ説きあかし、伝えるのです。たとえば、人間からの祈りや犠牲を、神々からの布令や犠牲の報酬を。さらに、神々と人間たちの中間に位するゆえ、両世界の隔たりを満たし、その結果、万有が結ばれ、まさに自己同一となるようにしているものです。また、一切の予言術や神官の業《わざ》……犠牲、祭式、呪術、占いの一切、魔術などをとり行う卜神官の業が、世にひろく行われるのも、ほかならぬこの鬼神のおかげです。次にまた、神は人間と直接の交わりを結ぶものではなく、むしろ、神々が人間と結ぶ交わりや語らいの一切は、——睡眠のとき覚醒のときの別はなく——いずれもこの鬼神によるのです。ですからまた、鬼神の業に関してすぐれた人は、鬼神のごとき人、しかし、他のことに――たとえば、さまざまな技術、あるいは手工の技に――すぐれたる人は、世俗の人にほかなりません。そして、世には、かかる鬼神の数も多く、種類もさまざまあるのですが、愛の神というのも、まことにそれら鬼神の一つにほかなりません(18)」。

このようにプラトンは、民間に定着していたダイモンの観念を取り上げ、これを自らの哲学的思索によって完全に変容させた。こうしてダイモンは一種の高尚な守護霊となった。この霊は、『ティマイオス』では人間に内在する純粋理性という要素と同一視される。この輝かしい衣装のもとにダイモンは道徳的にも哲学的にも尊敬に値するものとされた。この思想は、ストア派や新プラトン主義に受容され、たとえば新プラトン主義の代表者プロティノスは魂を「高度の魂」「宇宙霊」「個霊」の三種類に分け、各々の愛（エロース）の働きが異なると説いた。すなわち高度の魂は知性界にとどまり、感性界との交渉をもたない。次の「宇宙霊」は万有を支配する魂のことで、この霊とともにあるエロースは、霊に協力して生殖への欲求を目覚めさせ、結婚を司る。第三の個霊は個々人を支配しており、これとともにいるエロースこそ魂を善へと導くダイモン（神霊）である。このダイモンは、善なるものを魂の愛慕の対象となし、愛する者を愛される対象に結びつけてそれを見ることができるようにさせる。その際、エロースは愛する人の眼として力を発揮する。ダイモンのこの働きによって魂は、自己の故郷である知性界に向かう運動と憧憬および欲求をもつようになる。[19]というのは、人間の魂は現在この肉体の世界に縛られてはいるが、元来は知性界から到来してきたからである。

ダイモンがもっている中間的な性質もしくは多義性から悪しき霊となる変化は、ソクラテスの時代にはまだ定着していなかった。だがプラトンの弟子のクセノクラテスが仕上げをして、善い神々を悪いダイモンから引き離し、神々がもっていた悪い性質や破壊的な性質をすべて悪霊へと移した。ストア派とプルタルコスらは、クセノクラテスを踏襲し、プルタルコスに至っては、アポロンが都市を破壊したという記述があるなら、それはダイモンがアポロンの姿をとって行ったにちがいない、と論ずるまでになった。こうして後期ヘレニズムの時代になると、ダイモニオンという語はほとんど例外なく悪い意味をもつに至る。[20]

4　ウェルギリウスの守護霊

古代ローマ最大の詩人ウェルギリウスは次のように語って、「霊」概念によって人間の宿命と輪廻による再生を物語る。宇宙には「内なる霊気」がみなぎっていて、これによって世界は養われる。それに促されて、「精神」が身体に入ると人間をふくめた生物が誕生する。人間は天に由来する種子をもちながらも、その悪行によって苦しめられる。そして、人間の誕生とその歴史は、次のように物語られる。

そもそも（初めに）、天と地、潤いある野原、
月光の輪、ティータンの星、これらを
養うのは内なる霊気（spiritus intus）だ。精神（mens）が体内に浸透したとき、
巨軀全体が動きだす。精神が巨大な外形と融合するからだ。
じつにここから生き物が生まれる、人間も、獣も、鳥も、
海が滑らかな水面の下に育む奇怪なものたちも。
火と燃える活力と、天に発する起源をこれらの
種子はもつ。ただ、肉体が阻害するため、そのすべては発揮できない。
地上の体軀、死すべき四肢が動きを鈍らせるのだ。
このために、恐れ、欲望、痛み、喜びを覚える一方、天空を
見分けられぬまま、牢獄の暗闇に幽閉されている。
それどころか、最期の光とともに命が去ったあと、
なおまだ哀れにも、根本から、悪のすべて、すべての

肉体的病疫が抜け落ちることはない。どうにも仕方のないことなのだ、
長い間に多くの悪がこびりつき、驚くほど染み込んでしまうのは。
それゆえ、罰の苦しみを受ける。過去の悪行の
償いを支払うのだ。虚ろな身を広げて
吊られ、風に吹かれる者もあれば、深淵の底で
罪の汚れを漱《すす》ぐ者、あるいは、火で焼き落とす者もある。
われわれは各自の〔守護〕霊によって〔悪を〕耐え忍ぶ。そののち、広大な
エリユシウムへ送られる。わずかな者のみが喜びの田野に達する。
そうして、ついには、長い歳月を経て、時のめぐりが満たされ、
こびりついた汚れが落ちると、あとに残るのは純粋な
高天の感性（aetherium sensus）、単一な天空の火だけとなる。
このような霊（anima）はすべて、千年のあいだ時の車輪を回したのち、
レーテの川岸へと神に呼び出されて大群衆をなす。
もちろん昔の記憶はない。そうして、地上の蒼空への再訪を
繰り返す。肉体へと戻る欲望が芽生える。(21)

ここでは、霊の経験と歩みが実に仔細に語られ、人間は守護霊の助けによって運命に耐え、輪廻転生による再生の希望をもつとされている。ウェルギリウスは、「われわれは各自の〔守護〕霊によって〔悪を〕耐え忍ぶ」というのだが、ここで「霊」とされるマーネース（Manes）は小さな超自然力をもつ存在であって、いわゆるダイモンである。そして、マーネースは神々のように崇められており、「マーネースの神々」（dii manes）とも呼ばれた。この語は、そこから転じて「死者の霊、亡霊、宿命」などを意味するようになる。そこでわたしたちは、これを「守護霊」と訳すことができる。つまりこの霊は、「従者の霊」（attendant spirit）であってgenius（守護霊）であると理解することができる。[22] このようにウェルギリウスは、プラトン以来の守護神の伝統を伝え、自己の人間観を述べるに当たってこれを用いたのであった。

だが詩人は、守護霊に続けて、「そののち、広大なエリュシウムへ送られる。わずかな者のみが喜びの田野に達する」と言う。エリュシウムとは、ハデスのさらに下に位置する地獄のことである。喜びの田野とは、ウェルギリウスにとっての安住の地を意味する。彼の非政治的な作品『農耕詩』は、田野という母なる大地について歌った叙事詩である。そこでは喜びの田野について、「小麦と森林地帯、耕作地とぶどう園、ミツバチの巣箱と馬と動物の群れ」から成ると言われる。つまりそれは大地の表面を改造し、それに「イタリアの暖かさと生活の何ものか」と言われるものを添える人間的な努力に対する記念碑なのである。しかし、それが暗示するものは感傷的な喜悦ではない。ここでなされているのは農業と実生活に関する道徳的価値を実現するために労働せよとの呼びかけである。それは、次のようにウェルギリウスが自らの祖国に挨拶することを可能にする特性でもある。彼は次のように言う、「大いなる実りを生み出す大地の母なる農業の女神サテュルニアよ、偉大な勇士を救ってください」と。それは一国の最高の産物が、あたかも彼女、農業の女神が生んで育てた男たちであるかのようである。

5　古代ローマ文学における守護霊

プルタルコスが「ブルートゥスの生涯」について語っているところを参照すると、ブルートゥスもダイモニオンを経験しており、生涯の終わりに近づくと日ごとにその声を聞くようになった。フィリピの合戦という運命の日が差し迫ってきたとき、彼はまたアジアにいた。ほぼ真夜中に、彼がテントの中ですぐには眠れない習慣によって目覚めていたとき、もうランプは消えており、何かしら恐ろしい人間の様子を超えた人影を見たように思われた。ブルートゥスは大胆不敵にも、直ちに「一体だれなのか、人間なのか神なのかとただした」。するとその姿は、低い声で彼に次のように囁いた。

ブルートゥスよ、わたしはお前の悪い守護霊である。お前はわたしをフィリピ[23]で見るであろう。[24]

こうして同じ人影は戦っているフィリピにあらわれたが、それはブルートゥスにとって確かに最後の戦闘であった。これは「悪しき霊」の物語である。

古代においては総じて霊は、人間を守り導く「善い守護霊」と破滅に導く「悪しき霊」とに分けられ、ダイモンという言葉は一般には複数形でダイモニオンと呼ばれるようになる。エラスムスの『格言集』(1・1・72)には、ローマ文学における「悪しき守護霊」のことが紹介されている。これにしたがって守護霊の働きを考察してみよう。[25]

——ギリシア人たちが、霊を「復讐する者」(アラストル)と名づけた場合には、それは「悪しき守護霊」のことである。この名前によってわたしたちが呼んでいるのは、わたしたちが受けた災難の大部分をもたらす霊である。それは今日でも、普通の会話で使われている。というのは、ある人たちは概して何か不吉な影響を受けると、それらが何か悪しき運命であるかのように、またそれが彼らを破滅させるように生まれてきたと感じてしまう。だが、実は各人はダイモニオン(守護神)と呼ばれる二つの守護霊をもっている、と古代人たちは考えていた。それが各人に棲みついているように感じ取られたのだ。それは人間だけでなく、場所や建物にもついており、そのうちの一つはわたしたちの破滅を企て、もう一つはわたしたちを助けようとすると信じられた。同じことがプルタルコスによって、マーカス・アントニウスとオクタビアヌス（皇帝アウグストゥス）についても報告されている。

――つまりこの二人は、他のことでは相互に愛情を込め、またもっとも友好的に振る舞ったが、敵意を引き起こしてしまった賭博のような遊びでは、オクタビアヌスがいつも勝利者となる習しであった。そのことで、アントニウスはひどく苦しんだものだった。ところでアントニウスの従者の中に、エジプトの魔術師がいた。彼がアントニウスの運命を本当に知っていたからにせよ、それともクレオパトラの好意をえようとでっちあげたからにせよ、アントニウスにオクタビアヌスからできるだけ離れるように警告した。というのは彼の守護霊が他の点では活発なのに、カエサル（皇帝）の守護霊に対してはしり込みし、また彼がカエサルに近づくに応じて、ますます卑屈になり、打ちのめされるように思われたからである。(26)

これにとどまらず、エラスムスによれば、一六世紀の神学者たちにも、古代人と同じく、各人に天使と呼ばれる二つの守護霊が、その生涯の始めからずっとつきまとっている。その一人は友人であり、わたしたちに適切なものを世話し、もう一人は邪悪であって、あらゆる方法でわたしたちを破滅させると脅《おびや》かすというのである。

善い守護霊について、ナエウィウス[27]は『スタラグムス』の中で、「わたしに神が好意的であり、彼はわが夫なのだ[28]」と表明する。同じくペルシウス[29]も、「怒りの神々と邪悪な守護霊によって〔わたしは見棄てられた[30]〕」と言う。要するにこうした「怒りの神々と親切な神々によって」という表現はみな、その語り方、すなわち文脈において守護霊のことを示唆している。また、「どうやら彼は気まぐれの神々ウェルトゥムヌスから不運にも生まれてきたらしい[31]」といった発言もある。同じく、抒情詩の中には、「善い神々から生まれしロムルスの種族の最良の保護者よ、あなたはここにそんなにも長くはいてくださらない[32]」とある。ウェルギリウスには、「ただユピテルのご加護あらば[33]」とか、「神々の不興〔左手〕によって煩わされないなら[34]」といった表現もある。

一般的な表現から個別的なそれに向かうと、表現がいっそう魅力的なものになってくる。たとえば、「この人は怒りを懐くあらゆるミューズ女神に促されて詩を書く」、「彼はアポロンの怒りに促されて歌う」、「彼はとても愚かに、かつ、明らかに、怒りを発する〔説得の女神〕スアーダのもとに自分の訴訟を起こしたのだ」、「マルス〔軍神〕は戦闘でわたしの側に立っていない」、「慈悲深いネプチュン〔海神〕の〔保護の〕もと、わたしたちは航海する」、「このならず者と折り合いをつけたことを、メルクリウスがわたしに怒ると思う」、「人が醜い子供を産むとき、ウェヌスは怒って子供をとりあげる」、「技をうまく発揮できない人には、〔技術の女神〕ミネルワがそうなるのを欲しないのだ[35]」。

このような表現に見られるように、守護霊が働いて人間生活が営まれていると古代人たちは感じていたのである。事実、ギリシアの宗教、伝説、神話は、悪魔の概念の形成に影響を与えたが、悪の原理の人格化に近づいたものはどこにもいなかった。ここでは、霊性の自覚にすでに到達しており、それだけ広くその働きが感得されていたと言えよう。

第二章　聖書の霊性物語

はじめに

ギリシア・ローマ世界で信じられていた守護霊は「ダイモン」と一般に呼ばれていた。それが名称は同じであれ、どのようにして「悪魔」や「サタン」を意味するようになったのか。ここで想起すべきことは、古代のバビロンやギリシアの神話には壮大な規模の創造叙事詩があって、それによって神々が賛美されたが、同時にそこには神々の間に激烈な闘争が演じられていたことである。この叙事詩は紀元前二千年も前の太古の時代にバビロンで造られており、旧約聖書の創造物語はそれを批判しながら造られたのである。

バビロン神話には始原の神としてアプスーとティアマトが登場する。両者は原始の海であって、アプスーは淡水の海として知られ、全地に拡がり、水源や井戸を潤している。そして、ペルシア湾も淡水である。ティアマトは塩水の海である。この神々は互いに男や女として、来るべき万物を孕ませる者と身ごもる者とである。「そのさ中に」源を発し、生まれてくる神々の長い発生史の中で、若い神々がバビロン人たちの偉大なる守護神であった。

だが、アプスーとティアマトとその子孫たちのあいだに死闘が始まる。というのは子孫の神々が、「天の住家の真っ直中で歌を唱えて、ティアマトの心を掻き乱せり」との出来事が起こったからである。つまり若い神々が騒々しくて、親たちの静寂を破ったからである。しかし、若い神々は最初の合戦に勝利をおさめ、アプスーを魔法にかけ、眠らせて撲殺すると、ティアマトは撲殺された彼女の情夫アプスーの復讐をしようとして、原始世界の竜としてあらわれでる。若き神々は戦慄に襲われ、ただ一人彼らを救いうるマルドゥクに全権を委ねる。マルドゥクは、雷光で武装し、戦いにのぞむ。恐ろしい大合戦で、彼は唸り狂うティアマトを捕らえる。さて、神々の戦闘が終局に達したとき、初めてマルドゥクは敵の死体、つまり母の死体から世界を創る。

時代は降って紀元前七世紀に、農民詩人ヘシオドスは、ボイオティアにおいて神々の血統に関する神話を集成した。彼によると天の神ウーラノスによって受胎した大地のガイアは、多くの力強い、恐るべき神の子らを産んだ。だが子供が生まれると、彼は大地の奥処《おくが》にすべてを隠し、光明の世界へと昇ってこさせず、悪業を楽しむ。だが広い大地（ガイア）は子供らを腹に詰め込まれ、心の中で呻き、そのため心痛やるかたなく奸策をめぐらす。彼女は鉄の大鎌を造り、末子クロノスは母のために父に復讐する。ウーラノスがふたたび母に近づくと、クロノスはウーラノスの男根をかっ切って去勢した。こうしてクロノスは世界の主となる。ところがこのクロノスは、自分の子供らが、彼が父にしたのと同じように、彼になし、王座を追うかもしれないと恐れ、子供たちが生まれるとすぐに呑み込んでしまう。末子ゼウスは奸策によってかろうじて救いだされ、父クロノスを倒す。ゼウスは暴風の神であったので、武器である雷神の矢をもって父の兄たちのティタン族ともすさまじい戦いを交え、オリュンポスの神々の支配を樹立する。

旧約聖書の創造物語を書いた祭司たちは、ユダヤ人が蒙ったバビロン捕囚の期間に、したがって西暦前六世紀に、バビロン神話と対決しつつ創造物語を造った。それはヘシオドスの物語よりも、もちろんマルドゥクとティアマトの戦いよりも新しい。ユダヤの祭司たちは、その捕囚に際して、バビロン文化の啓蒙思潮の影響を受けたが、バビロン神話が自分たちの信仰と相容れないことを悟った。彼らは世界をバビロン人たちが描いたのとは違って考えていた。彼らの神は自然力でも政治権力でもなく、世界を超越した人格神であった。

ところで通常「サタン」(Satanas)と呼ばれる悪魔(Diabolos)は、神の意見に反抗して神を誹謗したり、訴えたりする敵である。バビロン捕囚以前では、ヤハウェは天と地にあるすべてのものを、善いものも悪いものも創ったとされていた。そこには悪魔は存在しなかった。しかし捕囚期の後になると第二イザヤのように、わたしは「光を造り、闇を創造し、平和をもたらし、災いを創造する者」である（『イザヤ書』四五章七節）と神に語らせるようになる。したがって悪魔の観念は、神における「闇」に内蔵されていたものから次第に発展してきたと言えよう。それはどのような歴史的な経過の中で発達してきたのか。悪の化身としての悪魔は、言語的にはヘブライ語のサタンを訳した、ギリシア語のディアボロスからラテン語を通って形成されたのである。

1　天地創造の物語

ユダヤ人が信じた神は、世界と人間を「光あれ」という言葉によって創造する。それはプラトンのデミウルゴス（世界制作神）のように工匠《たくみ》としてなんらかの素材から制作するのではない。創造神によって、ギリシア人が帰依したコスモスの神聖さは否定され、世界と人間は等しく神によって創られた被造物となるが、人間は神の姿に似せて創られているところに、人間の優れた地位が認められた。この神は人間に語りかける。これが旧約聖書の神の特筆すべき性格である。

初めに、神は天地を創造された。地は混沌であって、闇が深淵の面《おもて》にあり、神の霊が水の面を動いていた。神は言われた。「光あれ」。こうして、光があった。神は光を見て、良しとされた。神は光と闇を分け、光を昼と呼び、闇を夜と呼ばれた。夕べがあり、朝があった。第一の日である。……神は言われた、「我々にかたどり、我々に似せて、人を造ろう。そして海の魚、空の鳥、家畜、地の獣、地を這うものすべてを支配させよう」。神は御自分にかたどって人を創造された。神にかたどって創造された。男と女に創造された。……主なる神は土（アダマ）の塵《ちり》で人（アダム）を形づくり、その鼻に命の息を吹き入れられた。人はこうして生きる者となった。

（『創世記』一章一節、二六―二七節、二章七節）

しかも神は、世界と人間を創造しただけでなく、同時に人間に「汝」と語ることによって、人は神に対して「汝」と語ることができるようになった。このような対話によって人格的な神が、人間を人格にまで育成する。「あなたはわたしのもの。わたしはあなたの名を呼ぶ」（『イザヤ書』四三章一節）。イスラエルの宗教は、神に対する人間の関係のすべてを、この神が語り、人が聞くことに集中させる。したがって信仰とは、言葉を聞いて従う、聴従なのである。そこには神と人との親しい人格関係が認められるが、この人格関係を破壊すべく登場するのがほかならないサタンなのである。

旧約聖書とは、古い契約（約束）を述べた文書という意味である。イスラエルの宗教史では「契約」が重要な概念であって、旧約とは『古い契約』を、新約とは「新しい契約」を意味し、前者はモーセがシナイ山において締結したため、シナイ契約と呼ばれる（『出エジプト記』二四章三―八節）。この契約がパウロによって「古い契約」と呼ばれ（『IIコリント書』三章一四節）、後者の「新しい契約」は『エレミヤ書』（三一章一―三一節）に記され、旧約聖書の中から契約の刷新への待望が語られる。

聖書の劈頭《へきとう》を飾る天地創造の物語は、この契約の歴史が始まる舞台がどのように造られたかを物語る。この契約によって成立した共同体は、預言者の時代には滅亡の危機に見舞われ、他国によって征服されると、この契約は新たに更新されなければならなくなる。ここに「新しい契約」が説かれ、キリスト教徒たちはイエスにおいてこれが実現したと信じた。

『創世記』には二つの世界創造の物語がある。そのうちで古い方の物語は二章四節以下に記されており、「ヤハウィスト資料」と呼ばれる。そこでは、「主なる神は土の塵《ちり》で人を形づくり、その鼻に命の息を吹き入れられた。人はこうして生きる者となった」（二章七節）と語られる。人間は土の塵で造られたので、その本質において朽ちて死すべきものである。しかし、それでも人が生きるのは神の霊が息吹として吹き込まれたからである。それ自身では塵のように無なる存在なのだから、ただ神によってのみ、人は生きる。これが人間の被造物としての基本的理解である。しかし、これだけでは他の動物との区別はない。

そこで創造物語の新しい方、つまり一章の「祭司資料」と呼ばれる箇所に向かうと、きわめて優れた叙述が展開しているのがわかる。その最初の部分には、「地は混沌であって、闇が深淵の面《おもて》にあり、神の霊が水の面を動いていた」（一章二節）とある。この水は「始原の水」（フォン・ラート訳）であって、それはバビロン神話のアプスーとティアマトという「始原の水」である神々を前提とする言葉である。(1) ここでは祭司たちが、バビロンの創造神話を反駁していることは明白である。さらに、「地は混沌であって」とあって、世界が造られる前の始原の混沌状態が指摘される。だが、ヘシオドスの『神統記』のように混沌（カオス）が、神を生みだすのではなく、「初めに神は天地を創造された」（一章一節）とあって、すべてに先立って最初から神は現存していたと説かれる。したがって、神がどこから来ったかを問うことはできない。また、ヤハウェの神は、世界と人間とを、工匠のように、ある素材から造るのではない。神はイスラエル人の生活の中で独占的に活動したように、その言葉を通して万物を創造する。「そして神は〈……なれ〉と言われた。するとそのようになった」。さらに後に、星辰が四日目に造られたとあるように、太陽や月が被造物として創造されたことを告げる。これによってバビロンの星辰宗教は拒絶される。実際、バビロン神話のマルドゥクは「太陽神」であったが、ここでは太陽は神々の名前ではなく、巨大な発光体にすぎない。

しかも創造が始まる以前から、「神の霊」が暴風のように吹き荒れていたと語られる。ここにある「霊」（ruah ルーアッハ、ギリシア語訳では pneuma プネウマ）は何を意味するのか。関根正雄訳では、「神の霊風が大水の表面に吹きまくっていた」とある。ここで注意しなくてはならないのは、ルーアッハないしはプネウマが、「霊」である「風」という自然力を表すばかりか、生命力をも表現しているということ、そして『創世記』二章のヤハウィスト資料では人間に「命の息」を吹き込み、人間を「霊」として創造したと語られるということである。それに加えて聖書には、「魂と身体」というプラトン的な二元論がみられず、「霊」が独自な人間的次元を創り出しているという点である。(2) 実際、旧約聖書はその冒頭から「神の霊」について語り、人間は神のように霊そのものではないが、神から来る霊によって生きると説かれる。

この霊の働きは事実、旧約聖書では至る所で使われており、その場合、プラトン主義のように質料(物質)に対立する非質料的な精神として「霊」が考えられてはいない。ギリシア人はなんら形(形相)を含まないものを「無形の質料」(混沌)と考えたが、聖書はそうした哲学的な質料の概念を知らない。『創世記』の冒頭にある自然力「霊」は二章七節にある「命の息」として語られる。したがって創造物語にあるルーアッハ・エロヒーム(神の息)を「神の霊」と訳す代わりに、「神の霊的な生命力」と訳すことができる。だが、そこで鳴り響いているものは吐く息である。そして動物も人間も、生命体であるかぎり、どれをとっても息をするかぎり、生存することができる。だから、わたしたちが存在し、語ることができるためには、生命としての息が不可欠である。このように霊によって人間を生かす生命力が示されているが、「神の霊」は人間を生かす神的生命力であって、この生命力によって人間は生きると理解された。

さらに人間は神の形に似せて造られたと語られる。それは人が神に外面的姿において似ているからではなく、神への方向性や対向性をもっていることを言う。これによって神との対話的な人格関係が生まれ、人間は、神に対する応答的な責任性を付与される。ところが人祖アダムは戒めを破って、楽園から追放される。この堕罪によって初めて神と人間とのあいだに分裂や闘争の歴史が始まる。そして、神はこの歴史の過程において契約を更新し、救いをもたらす。これが聖書の語る「救済の物語」である。

2　アブラハムの天使とヤコブ父子の夢の物語

『創世記』には、信仰の人アブラハムからヨセフに至る族長たちの物語が連続して語られている。神は天使や夢を通して彼らにのぞんでいる。そこに人間が神と出会って競演するドラマが「霊性物語」として展開する。その代表的な姿を次に紹介してみよう。

(1)　アブラハムの旅立ち

人間における霊の働きは、神に対する信仰として叙述される。その代表は信仰の人アブラハムである。聖書は彼の旅立ちから語り始める。彼は神の呼びかけに応じて、住み慣れたカルデアのウルにあるハランという町を出立した。彼はベドウィンと呼ばれた小家畜飼育者（ゲーリーム）であり、[3]親族からなる小さな集団を形成して生活していた。アブラハム（アブラム）の旅立ちについて次のように語られる。

主はアブラムに言われた。「あなたは生まれ故郷、父の家を離れて、わたしが示す地に行きなさい。わたしはあなたを大いなる国民にし、あなたを祝福し、あなたの名を高める、祝福の源となるように……」。アブラムは、主の言葉に従って旅立った。

（『創世記』一二章一―四節）

こうしてアブラムは、故国バビロンのハランからカナンに向かって旅立ち、神によって告げられた、「シケムの聖所、モレの樫の木まで来た」。しかし、そこにはすでに先住民のカナン人が住んでおり、入植するのはきわめて困難であった。神は「あなたの子孫にこの地を与える」と約束されたが、アブラムはこの約束はそう簡単には実現しないと思い、自分の考えでベテルの東に移って行き、さらに進んでネゲブにまで移動した。ところが、彼はその地で飢饉に見舞われ、難を避けてエジプトに下り、そこで彼は大失敗を引き起こしてしまう。神の言葉を終わりまで信じ通することがいかに困難であるかを、彼の旅立ちは物語っている。信仰が霊的に強められていないと、神の言葉がもたらす大いなる可能性が見失われてしまう。

(2) 天使来訪の物語

その大いなる可能性は天使の来訪によって告げられた。それは最初の受胎告知であって、同様なことはしばしば起こる。これは、天使ガブリエルによるマリアへの受胎告知にまで繋がる物語である。信仰深いアブラハムは、次のように来訪者の中に天使を発見する。

主はマムレの樫の木の所でアブラハムに現れた。暑い真昼に、アブラハムは天幕の入り口に座っていた。目を上げて見ると、三人の人が彼に向かって立っていた。アブラハムはすぐに天幕の入り口から走り出て迎え、地にひれ伏して、言った。「お客様、よろしければ、どうか、僕《しもべ》のもとを通り過ぎないでください……」。彼らの一人が言った。「わたしは来年の今ごろ、必ずここにまた来ますが、そのころには、あなたの妻のサラに男の子が生まれているでしょう」。……サラはひそかに笑った。

（『創世記』一八章一―三節、一〇―一二節）

天使の来訪によって、跡取りの息子イサクの誕生が告知される。聖書では、天使は神の意志を伝達する伝令として登場する。アブラハムにあらわれた天使は人間と同じ姿をとっているので、信仰によってのみそれと理解される。アブラハムはただちに神の使いに気づき、食事を用意して厚遇し、神の言葉を拝受した。それは年老いたアブラハムが、神の奇跡的な力によって長子イサクを授けられるという最初の奇跡物語である。この告知は不妊の胎を神が懐妊させるという、人間の可能性を超えた業《わざ》であって、そこに特別な神の意志と関与が示される。アブラハムは、この不可能な約束を信仰をもって信じたが、サラは年寄りに子供ができるなどおかしいと笑ったと記されている。

(3) イサク奉献物語

次に注目したい物語はイサク奉献の物語である。ここでも天使が来訪して、危機一髪の窮地に救いの手を差し伸べる。アブラハムは誰からも理解されず、賞讃もされず、ただ沈黙が見られるだけであって、人間的には神のこの命令は不条理としてしか考えられない。

神は命じられた。「あなたの息子、あなたの愛する独り子イサクを連れて、モリヤの地に行きなさい。わたしが命じる山の一つに登り、彼を焼き尽くす献げ物としてささげなさい」。次の朝早く、アブラハムはろばに鞍を置き、献げ物に用いる薪を割り、二人の若者と息子イサクを連れ、神の命じられた所に向かって行った。……イサクは父アブラハムに、「わたしのお父さん」と呼びかけた。彼が、「ここにいる。わたしの子よ」と答えると、イサクは言った。「火と薪はここにありますが、焼き尽くす献げ物にする小羊はどこにいるのですか」。アブラハムは答えた。「わたしの子よ、焼き尺くす献げ物の小羊はきっと神が備えてくださる」。二人は一緒に歩いて行った。神が命じられた場所に着くと、アブラハムはそこに祭壇を築き、薪を並べ、息子イサクを縛って祭壇の薪の上に載せた。そしてアブラハムは、手を伸ばして刃物を取り、息子を屠《ほふ》ろうとした。そのとき、天から主の御使《みつか》いが、「アブラハム、アブラハム」と呼びかけた。彼が、「はい」と答えると、御使いは言った。「その子に手を下すな。何もしてはならない。あなたが神を畏《おそ》れる者であることが、今、分かったからだ。あなたは、自分の独り子である息子すら、わたしにささげることを惜しまなかった」。

（『創世記二二章二―三、七―一二節』）

神の命令に従ってアブラハムはその子イサクを殺したが、天使の業に阻まれて殺していない。これは矛盾した事態である。ところが物語は、この殺害と同時に天使の介入によって殺害を阻止する。彼は息子を殺したが、殺していない。天使が介入したことで、奇跡が起こることによって、この物語はわたしたちに人間の力を超える神的可能性をもたらす。これは理性的にはどこまでも不可解であるが、理性を超えた霊の働きによって信じられるのである。

(4) ヤコブの夢と階《きざはし》

さらに『創世記』はヤコブの物語を加えている。ヤコブはアブラハムの孫に当たる。彼は兄エサウを二度にわたってだまし、エサウの怒りを避けるため母レベカの忠告に従って、パタンアラムの叔父ラバンの下に逃走する。その道すがら後に巡礼の町となったベテルにさしかかったとき、日が暮れたので、彼は石を枕として一夜を過ごす。

ヤコブは眠りから覚めて言った。「まことに主がこの場所におられるのに、わたしは知らなかった、……「ここはなんと畏れ多い場所だろう。これはまさしく神の家である。そうだ、ここは天の門だ」。

（『創世記』二八章一六―一七節）

ここにある「天の門」とはそこから天使らが昇り下りできる「開口部」であって、その「先端が天まで達する階段」に象徴されるような、上に向かって開かれた「上部開口部」を意味する。
ヤコブのこの夜の夢には、二つの啓示が結びついている。一つは天に達する階《きざはし》であり、もう一つは神ヤハウェの顕現である。神の顕現は、モーセ以前の族長では神の出現とされており、遊牧民に与えられた土地の所有と子孫の増大の約束、つまり神の契約が取り交わされる。この夜に夢見た階は、ヤコブにとって内心の慰めに優るものであり、特定の場所に結びついた一つの驚くべき出来事となった。また彼がここで感得した神に対する畏怖の念は、度重なる自己の不真実と欺瞞に対し、神は裁きをもってのぞまず、契約の言葉に示されるように、神が契約の恵みを賜るということであった。実際、人間は不真実であるが、それにもかかわらず神は真実を貫きたもう。この事実に触れて、ヤコブは真に神の在《いま》すことを知り、「神の家」つまりベテル（ベト＝家、エル＝神）とここを名づけた。天使ではなく、夢が彼の信仰と霊とを目覚めさせる。この夢は、その子ヨセフではさらに大きな力を発揮する。

(5) ヨセフの夢

『創世記』の終わりを飾るのはヤコブの末息子であるヨセフの物語であるが、これも霊性の物語である。夢見るヤコブの性格を受け継いだ息子ヨセフは、兄たちに「夢見るお方」と嘲笑され、エジプトに売られてしまったが、ファラオの夢解きによって大臣にまでなった。このヨセフ物語によって、神が夢の中で民を導くとの信仰を生むようになった。

昔から夢には超自然的存在の顕現が伴われていた。天使がヤコブに夢の中にあらわれているように、その息子ヨセフにも、神の意志は夢を通して伝達される。夢とはいかなる現象であろうか。

今日の精神分析によると、無意識の中にある何物かが日常の意識を超えて夢にあらわれてくるとみなされる。たしかに夢も心理的事実であって、日常的な合理的思考によっては捉えられない聖なるものの顕現の媒体となる。古代人は夢の託宣を信じ、夢で行動を決定し、吉凶を占った。だが、ヨセフの夢説きには霊的な洞察力と理解力が不可欠であった。このことはファラオの家臣たちの言葉、「このように神の霊が宿っている人はほかにあるだろうか」（『創世記』四一章三八節）によく表現されている。したがってヨセフ物語も、「霊性物語」と見なすことができよう。神は直接人間の歩みに介入したり、その姿をあらわすことはなく、歴史の背後にあってその摂理をもって意志を伝達する。なかでも『創世記』四〇―四一章の夢では、夢の解釈者ヨセフのことが物語られる。このような解釈を必要とする夢は、普通の夢よりも象徴性が高く、難解であって、霊的な解釈が必要とされる。ヤコブの夢も明らかに象徴性が高く、やはり神自身の介入が不可欠である。さらに監獄の中での給仕役と調理役の夢と、ファラオの夢もすべて象徴的な夢であり、ヨセフがその解釈の専門家の役割を演じる。ヨセフは物語の終わりで、兄たちに次のように語った。

ヨセフは兄たちに言った、「……あなたがたはわたしに悪をたくらみましたが、神はそれを善に変え、多くの民の命を救うために、今日のようにしてくださったのです」。

（『創世記』五〇章二〇節）

この言葉は人間的な理解を超えている。それは倫理的な悪の報いや当然受ける罰といった合理性と対立する、神が悪をも善用してご自身の考えを実現するという思想である。それによって、兄たちの悪事をも善用する神の摂理の謎が解き明かされる。これは神に対する信仰なしには理解されない。この信仰は否定的事態のさ中に肯定的な意味を洞察するものであるから、理性的な理解を超えた霊性の機能を意味する。こうしてヨセフ物語は「霊性物語」であることが判明する。

3　モーセにおける神の顕現

旧約聖書には人が神に召命されたとき、その場所を「聖なる空間」として描写している記録がいくつか見いだされる。ヤコブが夢見た「天の門」がそうであった。モーセは、ミディアンの地で羊を飼っていたとき、神の召命を体験した。そのときの神の声に「聖なる空間」が示唆されており、「ここに近づいてはならない。足から履物を脱ぎなさい。あなたの立っている場所は聖なる土地だから」(『出エジプト記』三章五節)と言われる。聖なるものが体験される場所は「聖なる空間」であって、他の俗なる空間から断絶されている。この断絶が神の召命によって生じ、ここから新しい生活が創始される出発点とも、中心点ともなっている。

旧約聖書の神は、これまでは天使や夢によって自らを顕現したが、「燃え尽きない柴」の物語ではまず「異象」が日常的経験とは異質な出来事として起こってから、神が言葉をもって語りかける様式が採られた。このような形式の典型的な例は預言者エリアの経験に示されている。彼は激しい暴風と大地震と大火の後に神の声を聞いた。「見よ、そのとき主が通り過ぎて行かれた。主の御前《みまえ》には非常に激しい風が起こり、山を裂き、岩を砕いた。しかし、風の中に主はおられなかった。風の後《のち》に地震が起こった。しかし、地震の中にも主はおられなかった。地震の後に火が起こった。しかし、火の中にも主はおられなかった。火の後に、静かにささやく声が聞こえた」（『列王記上』一九章一一―一二節）。これは「異象と言葉」の組み合わせを暗示し、ルドルフ・オットーが捉えた宗教経験の特質である「恐るべき神秘と魅するもの」（mysterium tremendum et fascinans）を見事に表現する。今後、わたしたちが問題とする聖書の霊性物語はみな、この点を証示する。聖書は異象をこう告げる。

柴の間に燃え上がっている炎の中に主の御使いが現れた。彼が見ると、見よ、柴は火に燃えているのに、柴は燃え尽きない。モーセは言った。「道をそれて、この不思議な光景を見届けよう。どうしてあの柴は燃え尽きないのだろう」。

（『出エジプト記』三章二―三節）

モーセが羊を飼いながら神の山ホレブにきたとき、彼はこのような異象を経験し、聖なるものの出現に出会った。そのさい異象はその非日常性や触れてはならない禁忌（タブー）を伴ってあらわれる。だが重要な契機は、続いて神がその言葉をもってモーセに呼びかけ、「あなたの立っている場所は聖なる地である」と告げ、「靴を脱ぎなさい」と命じていることである。この現象ではまず天使が登場し、異象が起こり、聖なる神が声を発して人に語りかけ、人が立っている所が『聖なる地』であるとの認識が起こる。ここには旧約聖書における「聖体顕現」（Hierophanie=hieros「神聖な」＋phainomai「あらわれる」）が典型的に示される。

モーセはミディアンの地にやってきて、この地域のベドウィンたち（小家畜飼育者）から、彼らが夏の始めに新鮮な牧草のある山地に入ることを聞いた。そこで彼は舅エトロの羊をよい牧草地に連れて行こうとして、羊をいつもの草原を越えて連れ出した。そこで彼は思いがけず、ホレブ山もしくはシナイ山と呼ばれる「神の山」までやってきた。それが昔から「神の山」と呼ばれていたのは、多分、火山性のものであれ、別の種類のものであれ、神秘的な諸現象がその山で認められたからであろう。

ここでモーセは、まず「柴の茂み」が燃えているのを見る。ところが柴の茂みが燃え、炎が高く上がっているのに、柴が燃え尽きず、炎の中で「ヤハウェの使者」がモーセに姿を見せる。そのような「使者」もしくは「天使」は、聖書のより古い箇所ではいつも固有名詞をもたず、いわば人格的特性をもたずにあらわれる。こうした神や神々は「瞬間神」（Augenblickgötter）と呼ばれる。このような自然現象としてあらわれる神的な存在は、非人格的なものにすぎないとしても、神の呼びかけが起こって対話が交わされる場合には、人格的要素が加わってくる。そのような場合、炎は柴の茂みを焼き尽くすことなく、神的な存在も自らを消滅させない。それはすべてを焼き尽くしてしまう火ではなく、燃え上がっても、芝は無くならない。この異象の中で、モーセは神の「使者」の声を聞くのである。

この物語では神は火の中に宿るものと考えられており、「柴の茂みの真ん中から」モーセに呼びかける「声」として顕現する。この声が言葉を伴うことによって、異象は「神の啓示」となる。こうして人格的な信仰による経験がもはや一般には認識することのできない特別な領域の中に彼を追い込むようになった。

ヤハウェは、モーセが歩み寄るのを見ると、柴の茂みの真ん中から彼に呼びかける。この呼びかけによって神は自分が選んだ者にその現臨《げんりん》を知らせる。それにモーセが、「わたしはここにおります」と答えると、モーセはその限界を越えないように足からサンダル[4]を脱ぐように命じられる。この命令は「聖なるもの」を汚してはならないという「禁忌」（タブー）、つまり接近や侵入の禁止令である。そこで接近を禁止した神は、自分が誰であるかをその言葉によって告げる。こうしてこの異国の地で神は「彼の父としての神」、したがってアブラハム、イサク、ヤコブという先祖の神にほかならないことを告知する。

ところが、モーセがシナイ山で「発見する」のは見知らぬ神ではない。それは族長たちの神である。それにもかかわらずこの神は、姻戚の人々がモーセに「この山に住んでいる」と好んで物語った神にほかならない。モーセはミディアン人たちのところへきたことで、実はイスラエルの族長たちの生活圏の中に知らずに入ってきており、彼は燃える柴の中で経験した神をイスラエルの族長たちの神として体験したのである。

この不思議な出来事に出会って、モーセが神にその名前を聞くと、答えもまた不思議なものであり、「わたしはある。わたしはあるという者だ」であった。その意味は形而上学的な「存在そのもの」といった意味にヨーロッパの古代や中世では理解されたが、本当は「わたしはそこにあるであろう」という意味であって、「アブラハムの神、イサクの神、ヤコブの神」つまりイスラエルの先祖たちの「そばにいたもう神」なのである。[5] ヤハウェは単に激しい暴風と大地震と大火とともにあらわれる「恐るべき神」ではなく、その言葉に聴従する者にかぎりなく恵みをほどこす愛なる神であった。イスラエルは、この神を自分たちと絶えず共にあるものとして経験した。神は告げる、「わたしは必ずあなたと共にいる。このことこそ、わたしがあなたを遣わするしである」(『出エジプト記』三章一二節)、また「あなたたちの先祖の神、アブラハムの神、イサクの神、ヤコブの神である主がわたしをあなたたちのもとに遣わされた」(『出エジプト記』三章一六節）と、モーセはイスラエルの民に告げるように命じられた。つまりヤハウェという神は、その民イスラエルと共にあるものとして自己を証言するのである。したがって神は、絶えずその民と共にいて一緒に歩み、民を導く。これこそ「神が共にいる」という「インマヌエル」の思想であって、イスラエルの民は族長たちが行ったように何時《いつ》いかなるときにも神を呼び求めることができるのである。

4　ダビデの回心物語

旧約聖書の中で、ダビデはアブラハムと並んでもっとも愛されてきた人物であった。ダビデという名前は「愛される者」という意味である。彼は貧しい羊飼いから身を起こし、ユダとイスラエルの大王となるまで、その生涯はことごとく神の愛と恵みによって彩られている。彼はイスラエル王国の建設者であって、とくに武勇に優れていた。少年にして、あのペリシテ人の剛勇ゴリアテを小さな石投げ一つで打ち倒した。また彼は楽器の優れた弾き手であって、悪霊に悩まされたサウル王に対し、音楽をもって癒しただけでなく、多くのを詩編を創作した。その中でも『詩編』五一編は、実に「霊の歌」である。

ダビデの物語には『ヨブ記』のようにサタンは登場しないが、悪霊の作用がダビデとその周辺の人たちを襲っている。たとえば、「アビメレクは三年間イスラエルを支配下においていたが、神はアビメレクとシケムの首長の間に、険悪な空気（＝悪霊）を送り込まれたで、シケムの首長たちはアビメレクを裏切ることになった」（『士師記』九章二二―二三節）とある。だが、「愛される者」ダビデはその生涯にわたって苦難を通して鍛えられ、守られ、訓育されて、信仰の達人となった。彼はユダ族であるエッサイの八人の子らの末子であった。その母は、アンモンの王ナハシュに関係ある婦人であって（『サムエル記下』一〇章二節、一七章二五―二七節）、異邦人の女から生まれた。「わたしは咎のうちに産み落とされ、母がわたしを身ごもったときも、わたしは罪のうちにあったのです」と彼は叫ぶ（『詩編』五一編七節）。ダビデは兄たちに手荒にこき使われながら羊を飼わされた。彼は決して恵まれた環境で育った人物ではなかった。しかし彼には助ける者たちが多くいて、父エッサイのよい教育、祭司サムエルによる訓育、妻ミカルの助け、友人ヨナタンの友情、預言者ナタンの叱責などがあり、暗い旅路を経て回心と新生に導かれ、充実した人生を授けられた。その有様は『詩編』二三編の始めには次のように記されている。「主は羊飼い、わたしには何も欠けることがない。主はわたしを青草の原に休ませ、憩いの水のほとりに伴い……」。

このように愛される人ダビデにも大きな失敗があった。その失敗は彼が成功を収め、名を遂げた後に起こった。そこには気の緩みがあって、それがサタンの誘惑のきっかけとなった。ダビデは、ウリヤの妻バト・シェバとの姦淫事件を引き起こし、預言者ナタンの叱責を受けるに至った(『サムエル記下』一一章と一二章参照)。神はバト・シェバとの結婚を認めず、ダビデに怒りを覚え、預言者ナタンの夢にあらわれて王を糾弾させた。そこでナタンは神の怒りを伏せておいて、穏やかに譬え話を使って王に語った[6]。

王はこの譬え話にひどく困惑し、ナタンに向かって、「こういう馬鹿なことをした男は悪人である。男は仔羊を四倍にして償い、そのうえ、死をもって罰せられるのが適当である」と言った。するとナタンは言葉をついで言った。「王よ、こうした処罰にふさわしいのは、実は、あなたご自身なのです。あなたは、とんでもない恐ろしいことをして、ご自分を罪に定められました」。王はこの言葉を聞いてはなはだしく狼狽した。そして悲嘆の涙を浮かべながら、自分が罪を犯したことを告白した。神はただちに彼に憐れみをかけて、彼と和解し、今後彼の命と王国を守ることを約束した。神は言われた。「今おまえは自分のしたことを後悔している。だからわたしも機嫌をなおそう」と。ナタンは神の代理人としての務めを終えて家に帰っていった[7]。

このときの心境を、「悔い改めの詩」と言われる『詩編』五一編一九節は「打ち砕かれ悔いた心」として次のように歌っている。

しかし、神の求めるいけにえは打ち砕かれた霊。

打ち砕かれ悔いる心を、神よ、あなたは侮られません。

このような「悔い改め」こそ神の前で罪を告白する行為であって、キリスト教信仰はそれを信仰生活の中心にすえて説いてきた。とくにルター以来、礼拝において神の恵みのもとにある悔い改めを信仰の核心として説いてきた。中世末期のカトリックでは「悔い改め」がサクラメントとして制度化されていたのを批判し、ルターはそれを「心を変えること」（メタノイア）であると解釈したのである。またマックス・シェーラーは、「この世界歴史の始まりには罪があるのだ！だからこそ悔恨の形式以外に永遠の再生がいかにしてありえようか、あるはずはない[8]」と語っている。

聖書の霊性物語はこのダビデの物語にあるように、罪深い人間が悔恨によって再生し、新しい人間となることを語る。それを『詩編』五一編は「清い心」が神によって創造され、「新しく確かな霊」（五一編一二節）が授けられるように祈り求める。この霊は、その内に「あなたの聖なる霊」（五一編一三節）を受容し宿している。これは「君主のような自由な霊」とも呼ばれる。そうなるためには、わたしたちは「打ち砕かれ悔いた心」をもって神の霊を受容しなければならない。そこには人がその霊性によって神の恩恵を受容し、その存在を根底から変容させる力が備わっている。したがってわたしたちの心には霊性の受容と自己を変容させる機能とが予め与えられていると言えよう。だが、罪深い現実を一人ひとりが認識することなしには、この機能は発動しない。この現実は人間の歴史にまとわりついており、原罪とも言われている。わたしたちはともすると、この罪の現実を何か例外的なものと考えがちである。もしそうなら、わたしたちは現実から遊離した観念の世界をさ迷っていることになる。だが、どんなに知識が増加しても、罪の現実が正しく解決され、克服されていないならば、「知識が増せば痛みも増す」のみである（『コヘレト書』一章一八節）。

5 イザヤの召命物語

『イザヤ書』六章に記された召命物語は、イザヤの召命の報告とアハズ王との交渉の物語から成立しており、その背景にはアッシリアと対決したシリア・エフライム戦争（前七三五年頃）という歴史的事件が介在する。当時北イスラエルはアッシリアに対抗するために、シリアと同盟を結んでいた。動揺したユダの王アハズは多くの助言者に助けを求めた。その中に預言者イザヤがいた。イザヤは大国に対する中立政策を献策した。この「イザヤの召命」の物語は、正しくは神の裁きの使信を神の民に伝えるという、彼自身が受けた委任の報告である。この物語はまず神殿において、彼が神を見た幻で始まる。直ちに預言者は自分がヤハウェの天上の会議に人間として出席を赦された者であることに気づく。聖なるものを前にして恐れを感じたので、祭儀的に清められた後に、イザヤは会議の決定を告知する者として選ばれる。だが、彼が聞いた使信はきわめて厳しく、「民の感覚を鈍くし、それを理解して癒されたり、救われたりすることがないように」という命令に伴われていた。


ウジヤ王が死んだ年のことである。わたしは、高く天にある御座《みざ》に主が座しておられるのを見た。衣の裾は神殿いっぱいに広がっていた。上の方にはセラフィムがいて、それぞれ六つの翼を持ち、二つをもって顔を覆い、二つをもって足を覆い、二つをもって飛び交っていた。彼らは互いに呼び交わし、唱えた。

「聖なる、聖なる、聖なる、万軍の主。主の栄光は地のすべてを覆う」。

この呼び交わす声によって、神殿の入り口の敷居は揺れ動き、神殿は煙に満たされた。わたしは言った。

「災いだ。わたしは滅ぼされる。わたしは汚れた唇の者。汚れた唇の民の中に住む者。しかも、わたしの目は王なる万軍の主を仰ぎ見た」。

するとセラフィムのひとりが、わたしところに飛んで来た。その手には祭壇から火鋏《ひばさみ》で取った炭火があった。彼はわたしの口に火を触れさせて言った。

「見よ、これがあなたの唇に触れたので、あなたの咎は取り去られ、罪は赦された」。
（『イザヤ書』六章一―六節）

イザヤは、天使セラフィムの「聖なるかな」の三唱をもって神を賛美する。彼が神殿で見た神は高きに住まう崇高な存在であるのみならず、「その栄光が全地に満つ」とあるように強力な支配力を有する。それは世俗からの分離や隔絶や超絶のみを表さず、同時に神殿にみなぎる神の栄光の幻のように、地上に光り輝きでる特別な支配であった。この神は歴史を支配し、神の王的支配を築く「イスラエルの聖者」である。その支配は、罪の贖《あがな》いを与え、かつ神を信頼する信仰を求める。ここに「聖」が、俗と分離しながら、俗を生かす神の力の属性として示される。

ところでイスラエル神殿の至聖所には十戒が収められている石の箱が置かれており、「この掟の箱の上の贖いの座の前でわたしはあなたと会う」（『出エジプト記』三〇章六節）と言われているように、そこは聖体顕現にとってもっともふさわしい場所であった。この箱の四隅にはセラフィムの像が、ちょうど法隆寺の本堂にある四天王の像のように立っており、預言者の目にはこれらが主を「聖なるもの」として賛美しているように映った。この異象は聖なるものが俗を超越し、しかも力をもって民を支配していることを端的に示し、アッシリアやバビロンによって引き起こされた国家の苦難に際し、歴史を支配する「イスラエルの聖者」の神権政治への信仰を喚び起こすものであった。

その他、アモス、ホセア、エレミヤ、エゼキエルなどの預言者の召命における異象については言及できないが、この預言者という存在自身が、聖なるものの言葉を単に預かって民に伝える使者としての使命を超えて高められ、聖なるものの顕現の媒体と見なさるようになった。こうして預言者の姿は、民の不信仰を糾弾するだけでなく、民の苦難と苦悩をその身に受けて、エレミヤや第二イザヤが語る、自らも苦しむ「苦難の僕《しもべ》」に変貌する。

『イザヤ書』では神を「イスラエルの聖者」と呼び、「聖性」が人間的な表象である「聖者」をもって象徴的に語られる。この言葉は『イザヤ書』では頻出し、二七回にもおよんでいる。もちろん四〇章以降の第二イザヤがもっとも多く一五回もこの言葉を使用しており、内容的にもイスラエルを「審判する者」から「贖い救済する者」に変化させて使用されている。それはアッシリアとバビロンによるイスラエルの滅亡と再建という歴史的大事件がその間に起こっていることによる。イザヤはアモスと同様に正義の神によって選ばれた民は、その選びにふさわしく正義を実現すべきであるとの倫理に立っていた。そのため、「イスラエルの聖なる方を侮り、背を向けた」(『イザヤ書』一章四節)と彼は民を責めている。これは第二イザヤにも継承されたが、罪に陥っている民に対する神の贖罪《しょくざい》の業《わざ》が「苦難の僕」の歌を通して強調されるようになった。

こうしてイザヤの神観をあらわす「イスラエルの聖者」という名称には、畏怖すべき正義の神と愛すべき恵みの神との対立する二つの要素が同時に見いだされる。ここには、ルドルフ・オットーの「戦慄すべき秘義と魅するもの」と同じ事態が認められる。したがって「聖」の概念は一般的には「神聖なもの」という倫理学的に最高の価値であって、それゆえにカントは「神聖」という観念の下で「完全に善い」という道徳法則に服す意志を考えている。しかし、「聖」はデュルケムが説いているように、元来は宗教的な起源をもつ語であり、原始社会のタブー（禁忌）の中に起源が求められる。つまり平均的なものから分離していて精神的・身体的に隔離されている、「触れてはならないもの」が聖なるものであった。したがって「聖」は倫理的なもの一般にはかかわらずに、むしろ非合理的なものと深く関連しているのである。[9] それはオットーが説く「被造者感情」としてあらわれ、「戦慄すべき秘義と魅するもの」という対立する二つの要素から成立する。彼はこのような神にまつわる性質を「ヌミノーゼ」（ヌーメン的なもの）として把握した。それは、わたしたちに対して、何よりも「不気味なもの」としてあらわれ、恐怖と戦慄とを引き起こし、宗教的畏怖の対象となっている。この神性のデモーニッシュな側面に対し、彼は人間を不思議な力で引き寄せ、魅惑し、それとの交わりや一体化を希求させる「魅する神秘」を対置させたのである。

6　ヨブの信仰と試練の物語

旧約聖書『ヨブ記』の始めには天上における神の会議が開かれ、そこにサタンも招かれて同席し、神と交わす対話が物語られる。次のテクストはその会話の一部である。


主はサタンに言われた。「お前はどこから来た」。

「地上を巡回しておりました。ほうぼうを歩き回っていました」とサタンは答えた。

主はサタンに言われた。「お前はわたしの僕《しもべ》ヨブに気づいたか。地上に彼ほどの者はいまい。無垢な正しい人で、神を畏《おそ》れ、悪を避けて生きている」。

サタンは答えた。「ヨブが、利益もないのに神を敬うでしょうか。あなたは彼とその一族、全財産を守っておられるではありませんか……」。

（『ヨブ記』一章七―一〇節）


神がヨブを守っているから、ヨブは神を敬っている、とサタンは言う。神を敬うのは利益のゆえだというのである。ここではサタンは諸国を遍歴して諸事情を神に報告する天使の一員であったが、義人ヨブを試みる者として神に認められる。「ヨブが、利益もないのに神を敬うでしょうか」というサタンのこの問いは、バビロンによって滅ぼされた捕囚の民が置かれた状況を反映しており、こんな不幸のさ中に神を信じる根拠がどこにあろうかと、当時一般に感じられていたことをあらわしている。そこでヨブは、試練を許可した神と論戦し、自分を弁護する仲保者を求めるようになる。サタンは人間を責め、人間と対決し、害を及ぼす存在であっても、まだ神から全面的には分離していない。したがってサタンはいまなお天上会議の一員であって、「神」の同意と意志なしには何事もできない。サタンは、神から独立した悪の原理ではない。彼は、「主」の忠誠な僕であるヨブに対して悪を加えるよう、「主」を説得しなくてはならない。「神」はそれに不承不承に同意し、留保条件をつけるばかりか、後ではヨブを誘惑したことでサタンを責める。サタンは「神」の影、暗い面、「神」が嫌々ながらも行使せざるをえない破壊的な力である。こうしてサタンは、「神」の破壊力の象徴もしくは化身となった。

通常は「サタン」(Satanas)と呼ばれる「悪魔」(Diabolos)は神の意見に反抗して誹謗したり、訴えたりする存在である。バビロン捕囚以前では、ヤハウェは天と地にあるすべてのものを、善いものも悪いものも造った、とみなされた。そこには悪魔は存在しなかった。しかし捕囚期の後になると第二イザヤのように、「わたしは光を造り、闇を創造し、平和をもたらし、災いを創造する者」(『イザヤ書』四五章七節)と言われるようになった。したがって悪魔の観念は、神に「闇」として内蔵されていたものから次第に発展していったと言えよう。それは、どのような歴史的な経過の中で進展してきたのであろうか。

だが、正しい神が造った善なる世界にどうして悪が満ちているのか。アダムの楽園物語で人が罪に陥ったのは、不従順という意志の悪によるが、そのような堕落した意志だけでは、地上に満ちる悪の原因としては不十分であると思われた。そこには神に反逆する悪の大きな力があったに違いなかった。そこで蛇の姿をしてアダムを罪に誘惑する悪しき力が考えられた。その際、「ヤーウェから悪意を抱く破壊的な面が差しひかれて、別の霊的能力者である悪魔に付加された。実をいえば神性に、エジプトやカナンの〈神〉に起こったと同じような二分化が起こったのである。唯一神がふたつの部分に分かれ、〈神〉の善の面である一方は〈主〉になり、もう一方の悪の面が悪魔になった(10)」。

『創世記』には、ノアの洪水以前に悪が世にはびこったことを述べた際、人類の歴史の始めに「神の子ら(ベネハ・エロヒーム)は、人の娘たちが美しいのを見て、おのおの選んだ者を妻にした」(『創世記』六章二節)とあって、そこで生まれた子供は「ネフィリム」と呼ばれたが、それは「巨人の種族」であった。『詩編』八二編一節には神の会議の記事があって、そこではネフィリムに対する裁きが行われ、彼らは死すべき者となったと語られる。この記述は、ウーラノスから直接に生まれた天上的エロースが徳に向かうのに反し、ゼウスがディオーネーと関係して生まれた世俗的エロースが肉体に向かうというギリシアの愛の神話を背景にして語られているように思われる。

ところでサタンの試練を受けると一般には誰も神を信じなくなる。だが、ヨブは一般人の見解に逆らって、理性的には不可解な隠れたる神を告白するように導かれる。それゆえ、この物語の核心は「主を畏れ敬うこと、それが知恵」(『ヨブ記』二八章二八節)であるという告白にあり、「主は与え、主は奪う。主の御名はほめたたえられよ」(『ヨブ記』一章二一節)という賛美によって最初から宣告されている。「問題になっていることは、神の前ではヨブが無条件に隷属的であるということである。――ヨブは自分自身の信仰を信じるのか。それとも実際の神を信じるのか。――神は人間の行く途に〔乗り越え得ない〕垣根をめぐらした。ヨブから最後の支えをうばいとり、そういう形で神を経験させることになるがゆえに、神の裁きは〔裁きであっても〕神の恩恵なのである[11]」。したがってこの物語は、信仰の基礎を道徳に置くのではなく、まさに逆に道徳の基礎を絶対者の裁きを信じる信仰に置こうとする。神の前では人間の最良の意志ですら疑わしくなり、誠実な知ですら、その無知が暴露されてしまう。ヨブは試みる者であるサタンによって、このような境地に招かれたのである。

この神は、暴風を伴ってヨブとその友人に襲いかかった。そしてこの暴風は『創世記』の冒頭にあった、あの「霊なるプネウマ」なのである。テマン人エリファズは言う。「忍び寄る言葉があり、わたしの耳はそれをかすかに聞いた。夜の幻が人を惑わし、深い眠りが人を包むころ、恐れとおののきが臨み、わたしの骨はことごとく震えた。風が顔をかすめてゆき、身の毛がよだった。何ものか、立ち止まったが、その姿を見分けることはできなかった。ただ、目の前にひとつの形があり、沈黙があり、声が聞こえた」（『ヨブ記』四章一二―一六節）と。

物語の終わりでも、「主は嵐の中からヨブに答えて仰せになった」（『ヨブ記』三八章一節、四〇章六節）と言われる。そこで神は自らヨブに呼びかけ、宇宙の神秘を見せて独自の神義論を提示する。たとえば『ヨブ記』三八章は、友人たちの理性的な神義論とはまったく別種の立論から成り立っている。それは神義論の放棄や不可能性を伝えているのではなく、その逆にまったく異質な確固たる神義論である。わたしたちはこれを霊性的神義論と呼ぶことができる。これによってヨブ自身も自分の非を認めて、心底から悔い改めるに至った。そこには霊的な深い満足が訪れたので、もはや物語の終末（四二章）の原状回復の記述はおよそ無用となったと言えよう。

7　荒野の誘惑物語

新約聖書とともに、悪魔がその親分であるサタンとして聖書に登場してくる。悪魔に与えられている名称には、前に考察したようにヘレニズムとユダヤ教、この二つの影響が認められる。「サタン」または「悪霊」の用語が時折、使われているが、またときには「悪魔」（ディアボロス）

とも呼ばれるが、それはヘブライ語のサタンのギリシア語訳である。その他でも「ベルゼブル」「敵」「べリアル」「誘惑者」「告発者」「わるもの」「この世の支配者」「デーモンの王」とも言われる。『ヨハネ黙示録』では「巨大な竜、年を経た蛇、悪魔とかサタンとか呼ばれる者、全人類を惑わす者」（『ヨハネ黙示録』一二章九節）と連呼され、『エフェソの信徒への手紙』では「この世を支配する者、かの空中に勢力を持つ者、すなわち、不従順な者たちのうちに今も働く霊」（『エフェソ書』二章二節）と呼ばれる。それゆえ悪魔は霊的存在者であると考えられる。このような霊的存在と対決するのが、新約聖書ではイエスなのである。

イエスは荒野の誘惑以来、絶えず悪魔の攻撃を受けている。この悪魔の支配からの解放が、新約聖書の教えの中心をなす救済である。したがって悪魔は「主」なるキリスト・イエスの敵として登場する。その戦いは人々の目からは隠されている、霊的な次元での闘いである。そこで聖書の「霊」についての理解が不可欠となる。

イエスと悪魔との対決の背後には、隠された次元での神とサタンとの対決が感得される。荒野の誘惑では最初、悪魔の名が出てくるが、やがてその親分のサタンとの対決があらわとなる。この物語は次のように語られる。

さて、イエスは悪魔から誘惑を受けるため、〝霊〟に導かれて荒れ野に行かれた。そして四十日間、昼も夜も断食した後、空腹を覚えられた。すると、誘惑する者が来て、イエスに言った。「神の子なら、これらの石がパンになるように命じたらどうだ」。イエスはお答えになった。「〈人はパンだけで生きるものではない。神の口から出る一つ一つの言葉で生きる〉と書いてある」。次に、悪魔はイエスを聖なる都に連れて行き、神殿の屋根の端に立たせて、言った。「神の子なら、飛び降りたらどうだ。〈神があなたのために天使たちに命じると、あなたの足が石に打ち当たることのないように、天使たちは手であなたを支える〉と書いてある」。イエスは、「〈あなたの神である主を試してはならない〉とも書いてある」と言われた。更に、悪魔はイエスを非常に高い山に連れて行き、世のすべての国々とその繁栄ぶりを見せて、「もし、ひれ伏してわたしを拝むなら、これをみんな与えよう」と言った。すると、イエスは言われた。「退け、サタン。〈あなたの神である主を拝み、ただ主に仕えよ〉と書いてある」。そこで、悪魔は離れ去った。すると、天使たちが来てイエスに仕えた。

（『マタイ福音書』四章一―一一節）

この「荒野の誘惑」の物語は三つの誘惑からなっているが、サタンにひれ伏して現世的なメシアになる第三の誘惑がもっとも中心である。それに対して『申命記』六章四節、「聞け、イスラエルよ。われらの神、主は唯一の神である。あなたは心を尽くし、魂を尽くし、力を尽くして、あなたの神、主を愛しなさい」によってイエスは答えた。

この言葉は敬虔な、ユダヤ人が日ごとに朗唱するイスラエルの基本告白である。イエスは、自分がイスラエルの民族が待望する現世的な王ではないことを、この基本的な告白によってはっきりと告知したのである。当時、ゼーロータイ（熱心党）と呼ばれる一派が、マカベア戦争のときと同じくローマに対する武力闘争を画策し、エルサレムの神殿を全世界の中心として、イスラエルの世界支配を許す神の奇跡に信頼を寄せていた。それに対して、ここではサタン対イエスの対決が物語られているのである。

ここで問題は、神の霊がイエスを悪魔の誘惑に導いたことが強調されていることである。したがって物語は、「霊に導かれて」始まり、「悪魔が離れ去り、天使たちが来てイエスに仕えた」と締めくくられる。ここから、この物語が神に対する徹底した信仰によって、悪霊に勝利するイエス・キリストの霊を説き明かすものであったことが判明する。悪魔の力は個人の魂に宿るだけではなく、集団に宿ることにより、もはや制御できない超人的な魔力を発揮することがある。サタンの声はそれを代言する。誘惑の内容は、神の子であることが奇跡を行う能力をもつことであるとの誤解から構成されている。三つの奇跡はパンの奇跡、天使の救助、世界支配の実現という、いずれも目に見える外面的な出来事であるが、これに対して神を絶対的に信じる信仰が説き明かされるのである。

第一の誘惑は「パン」の奇跡であり、これは身体とかかわっている。神との霊的な関係が失われると、身体的な誘惑であるパンを求めることに狂奔するということが起こる。パンだけではない、どんなに感能的生活を享楽しようとも、欲望は悪無限であるから、決して満足に至ることはない。実際、満腹した者に心の充実はなく、すぐに不満が湧き起こってくる。また、官能の泥沼を跋渉《ばっしょう》する生き方は原始的な力に満ちているように見えるが、そこには霊的な不満が孕まれている。それゆえイエスは言う。「人はパンだけで生きるものではない。神の口から出る一つ一つの言葉で生きる」(『マタイ福音書』四章四節)と。

では、第二の誘惑である奇跡はどうであろうか。イエスを誘惑する悪魔は、聖書の言葉を使って、イエスを神との信仰の関係から引き離そうとする。だが、神を試すことは猜疑心にとらわれた不信仰の極みであって、厳しく退けられねばならない。奇跡によって輝かしい姿を憧れ求めても、それは幻影に過ぎず、好奇心を満足させることはあっても、風船を膨らますようなもので、一定の限度を越えると破裂して転落する。

第三は、悪魔を礼拝することによって現世的な繁栄を獲得しようとする誘惑である。「サタンよ、退け」と言って、これを決然と退けたイエスは、その説話においていつも「神と富とに兼ね仕えることはできない」と人々に説いてやまなかった。

こうした誘惑の物語は、単なる誘惑を意味するのではなく、試練の物語である。というのも誘惑は人間の欲望を刺激し、悪へと唆《そそのか》すことであって、一方的に襲いかかってくる試練とは相違するからである。ラテン語やドイツ語ではこの二つが区別される（temptatio と tentatio, Versuchung と Anfechtung）。前者の「誘惑」は欲望を刺激する内発的な性格をもち、後者「試練」の特徴は外側から内心を脅かし、恐怖と戦慄、絶望と死をもって攻撃し破滅させようとする外発性に求められる。(12) この外発的攻撃性は善人であったヨブの試練にもみられる特質である。それは誠心誠意をもって真実の歩みをしている者を突如として襲う苦難であって、人間的生の可能性を一方的に絶滅させるため、これを克服する力を人は自己の外に、しかも神に対する絶対的な信仰によって求めざるを得ない。イエスの荒野の試練も、この種のものであった。

ところで人間は「身体・魂・霊から成っている」（『Iテサロニケ書』五章二三節参照）。サタンによる第一の誘惑は、石を変えてパンとなせというもので、それは身体とかかわる感性的な試練であった。第二の誘惑は宮の頂から身を投じることで、民衆を魅了する奇跡を行えというもので、魂の心的陶酔にかかわる試練である。第三の誘惑は、悪魔にひれ伏して礼拝するなら、全世界の支配権を与えるというもので、これは悪魔による霊的な試練にほかならない。霊的試練は、霊的な神与の賜物（カリスマ）を授けられた人に襲いかかってくる。イエスはこれら三つの誘惑を決然として退けた。ただ霊的に神を礼拝することによってのみ、霊は平安と安息に導かれるからである。(13)

8　悪しき霊に憑かれた人の物語

『マルコによる福音書』によると、イエスの霊性は悪しき霊に憑かれた人との出会いにおいて明瞭に示される。悪霊に取り憑かれた男とイエスとの出会いは、次のように印象深く物語られる。

一行は、湖の向こう岸にあるゲラサ人の地方に着いた。イエスが舟から上がられるとすぐに、汚れた霊に取りつかれた人が墓場からやって来た。この人は墓場を住まいとしており、もはやだれも、鎖を用いてさえつなぎとめておくことはできなかった。これまでにも度々足枷や鎖で縛られたが、鎖は引きちぎり足枷は砕いてしまい、だれも彼を縛っておくことはできなかったのである。彼は昼も夜も墓場や山で叫んだり、石で自分を打ちたたいたりしていた。イエスを遠くから見ると、走り寄ってひれ伏し、大声で叫んだ。「いと高き神の子イエス、かまわないでくれ。後生だから、苦しめないでほしい」。イエスが、「汚れた霊、この人から出て行け」と言われたからである。そこで、イエスが、「名は何というのか」とお尋ねになると、「名はレギオン。大勢だから」と言った。そして、自分たちをこの地方から追い出さないようにと、イエスにしきりに願った。

（『マルコ福音書』五章一―一〇節）

このようにイエスと出会った悪霊に憑かれた人が、イエスをキリストと告白する経験を伝えている。そしてこの経験には、イエスの人格の秘密と、神の意志の内奥とが啓示されている。したがってイエスとの出会いには、日常の経験を超える永遠の意味をもつ霊的な出来事が生じていることになる。それはイエスと直接に出会った人たちだけではなく、その後もパウロをはじめ多くの人たちが語り伝える独自の経験である。イエスとの出会いは、永遠者との大いなる邂逅にまで人びとを導いてゆく。そこでイエスが招いている「神の国」についてまず考えてみよう。

洗礼者ヨハネが捕らえられた後、イエスはガリラヤに行き、神の福音を宣べ伝えて、「時は満ち、神の国は近づいた。悔い改めて福音を信じなさい」(『マルコ福音書』一章一五節)と説いたとある。マルコは、イエスの公的活動の開始についてこのように伝えるが、その記事の特質は「時」(カイロス)と「神の国」という言葉に示されている。そして、カイロスを知らせる徴《しるし》は洗礼者ヨハネの逮捕であった。イエスはこの機会を捕らえ、預言者の系列に自己を組み入れ、ヨハネの志を継ぐ者として自己を語ったが、実は預言者に優る存在であった。それはイエスとともに到来している「神の国」思想に明らかである。「神」に関する預言者的表象には、イザヤにみられるように、「インマヌエル」つまり人間とともに神がいますという姿が伴われている。このような神がイエスにおいて具現した。イエスが洗礼者ヨハネの捕縛を決断の時と感じ、「神の国」を説き始めたことは、ヨハネの「預言」が「実現」をみ、イエスが律法の完成者となることの自己証言なのである。

人間が何かの霊力に取り憑かれている有様はどこにでも見いだされる。[14] こうしたデーモンの悪魔的支配に対決するのがイエスであり、イエスとともにある者は自己の欲望を根城にして猛威をふるうデーモンの支配を滅ぼし、イエスとともなる生き方である神の国に導かれる。これこそイエスの霊に従う生活であり、聖霊の導きのもとなる新生にほかならない。

まず、悪霊に憑かれた人とイエスとの出会いを考えてみる。展開されているのは奇跡物語だが、[15] ここでは二人の出会いについてのみ注目してみたい。霊に憑かれた人はイエスに対して、「いと高き神の子のイエス、後生だから、苦しめないでほしい」と言う。悪しき霊の特色は、「放っておいてくれ」と言うように、他者との関係を断ち切って、自分自身の内に閉鎖的にとじこもり、高慢になって自己を絶対視し、狂気のごとく振る舞っているところにある。聖書はその様子について、墓場を住居とし、鎖を引きちぎって、昼夜絶えまなく叫びまわっていたと語る。イエスは他者のため、隣人のために一身を献げた人である。この点でイエスはサタンと決定的に対立する。イエスとともにある生き方は他者に対して心を開き、交わりを生きぬく姿勢である。イエスとの交わりの中にあることによって、それまでの生き方に終止符がうたれ、まったく他なる生活への転換が生じる。レギオンと言われた人にもこの出来事が生じた。イエスに対する正しい態度は、レギオンと呼ばれていた人のように、「一緒に行きたいと願った」（『マルコ福音書』五章一八節）、つまり「イエスとともにあること」なのである。この出来事はイエスによる交わりへの意志から起こり、交わりを拒否していた者が交わりの中に生き返ったことであった。それは神の国が形をとって、イエスと悪霊に憑かれた人とのあいだに実現したことを語っている。

人間の心には悪霊が住みつくことができるし、イエスはそれを追放し、その人を神の国に導き入れることもできる。[16] わたしたちはここに、霊性の受容機能をみてとることができる。悪霊との関係で明瞭となるのは、人間の心には「ものの虜となる」という特質、受動的な心の機能があるということであり、これが霊性の特質を形成している。心は、その霊性において諸々の悪霊の虜（奴隷）となることも、神の霊によって新生し、神の子供となることもできる。

次にイエスが説いた「神の国」の内容について考えてみよう。マルコの筆は、イエスが強力なメッセージをもって歴史に登場してくる姿を捉えている。「時が満ちた」と言われる時熱（カイロス）には、イエス自身が三〇歳の年齢に達していたことと（『ルカ福音書』三章二三節）、時代もまた救い主を待望し、その意味で機が熟していたこととが含まれる。

9　イエスとサマリアの女の物語

人間は、もしなんらかの自己認識が先行していなければ、イエスをキリストとして告白するには至らないであろう。そして、この自己認識へと導くのが『ヨハネによる福音書』の説く真理の働きである。このように働いている真理と真剣にかかわるのが、人間の内なる霊である。『ヨハネ福音書』に展開する「サマリアの女の物語」は、この間の事情を鮮明に提示している。こうして今や霊は人間の内に宿って、真理を受容する働きにまで高められることになる。

イエスが、サマリアを通過して郷里のガリラヤへと旅をしたとき、シカルという村の近くにあった歴史上有名な「ヤコブの井戸」で休息した。そこに一人のサマリアの女が、人目を避けるようにひっそりとやってくる。弟子たちが食糧の調達に出かけたあと、井戸端に座していたイエスは渇きを覚え、水瓶を携えてきた女に当時のしきたりに逆らって、「水を飲ませてください」と語りかけた。この対話は、身体の渇きを癒す井戸を「流れる水」に始まり、人びとを生かす「活ける水」を経て、「永遠の命に至る水」へと飛躍的に進展する。事実、ヤコブの井戸の水はしばし渇きを癒すにすぎないが、イエスが施す水は、どの人の中でも一つの泉となって、もはや渇きを覚えさせない。それは「命を与えるのは〝霊〟である。肉は何の役にも立たない」(『ヨハネ福音書』六章六三節)とあるように、「人を生かす霊」つまり「霊水」である。この泉からは活ける霊水が湧き出て、そこに神の救いと永遠の命とが「人を生かす真理」として啓示される。しかし、女はどうしてもこれを理解することができない。「活ける水」とは何か不思議なものである、しぼんやり感じているにとどまる。それがあればもう水汲みという女の労働から解放される、奇跡の水ぐらいに考えている。彼女には、奇跡とは日常生活を楽にしてくれるご利益《りやく》をもたらすものにすぎないのだ。

それにしてもサマリア人の女は、町にも泉があるのに、遠く離れた、しかも「井戸の水は深い」(『ヨハネ福音書』四章一一節)とあるように、汲み上げることが困難な井戸になぜあらわれたのか。彼女は、実は不品行のゆえに評判のよくない女であった。イエスはやがて、「行ってあなたの夫をここに呼んで来なさい」と命じる。これによって物語は、女の夫との関係という「人と人」との親密な間柄から、「神と人」との真実な関係に発展し、「真理と霊による礼拝」にまで進展していく。

イエスは、彼女の心中深くに懐かれた、暗い闇の生活に光を投げる。何かしら悩みを抱えた女性に直観的に問題を感じとり、唐突に「夫をここに呼んで来なさい」と問いかけたのである。この直観は対話のただ中で閃いたものにほかならない。突発的な飛躍と劇的な展開こそ、対話的語りに付き物の要素であろう。この指示とともに女は、その暗い過去を指摘される。彼女はいままでに五人の夫をもったが、今は非合法な夫婦関係にあることを言い当てられ、イエスを先見者として認める。そして、預言者であるなら、神を礼拝する場所はゲリジム山なのか、それともエルサレムの神殿なのかと、当時の宗教上の大問題を持ち出して問いかける。これに対してイエスは、礼拝すべき場所は地理上に特定される山でも町でもなく、「心の内なる霊の深み」であること、そこでこそ真理を求めて礼拝すべきことを告げる。

まことの礼拝をする者たちが、霊と真理をもって父を礼拝する時が来る。今がその時である。……神は霊である。だから、神を礼拝する者は、霊と真理をもって礼拝しなければならない。

（『ヨハネ福音書』四章二三―二四節）

イエスの来臨とともに、すでに到来している霊と真理による礼拝によって、すべての祭儀が皮相的で不真実のものとして廃棄される。「わたしは道であり、真理であり」（『ヨハネ福音書』一四章六節）と言うイエスと対話する者には、自己認識が喚び起こされる。わたしたちは真理の光の照明を受けて、自分では気づいていない隠された暗闇の部分を照らし出される。神の子イエスの前に立ち対話的にかかわるときには、真理の光を受けて「赤裸々な自己」の認識と告白とが必然的に起こってくるのである。

そのとき、イエスは神の礼拝の正しい仕方を教える。昔から「等しいものは等しいものによって認識される」（エンペドクレス）と言われていたように、神は霊であるから、人間もその霊によって神を認識すべきである。そこで、「神は霊である。だから神を礼拝する者は、霊と真理をもって礼拝しなければならない」(『ヨハネ福音書』四章二四節)と語られる。ところが人間の霊は、サマリアの女と同様に、ほとんどの場合、偽り、虚栄、貪欲、物欲、情欲、支配欲、金銭欲といったいわば七つの悪鬼(魑魅魍魎《ちみもうりょう》)によって支配され、醜くも汚染されている。したがってわたしたちは真理であるイエスに導かれ、その自己認識によって神に対して徹底的に謙虚とならねばならない。

ここにおいて「霊」が「真理」と一緒に用いられているのは、人間の霊が真理の照明によって正しい自己認識に達し、謙虚になって霊の新生を求めるという二重の道を指し示すためである。それゆえ聖書は、「打ち砕かれた霊」を、恩恵を受けるための不可欠の前提とみなしている(『イザヤ書』五七章一五節、『詩編』五一編一九節、『ルカ福音書』一章四七―四八節参照)。

聖書によれば、霊は人に授けられた力であって、人を生かすのだが、そこでは、神の霊は真理をもって人間を照明し、正しい自己認識に導くと同時に偽りの祭儀、虚偽の宗教、神に敵対する諸々の霊力から人間を解放しもする。生身の人間は、自己を超えた諸々の霊力の餌食になっている場合が多いからである。こうして、すべてこの世の内なる、にせ物の、したがって不法の祭儀は、神の子の派遣によって一挙に打ち破られたのである。

10　放蕩息子の物語

『ルカによる福音書』一五章の「放蕩息子」の譬え話はとてもよく知られている。それが『マタイによる福音書』二一章の「二人の息子」の物語とよく似ていることから、二人の兄弟の関係などが論じられたりした。しかし、この物語は「譬え話」であって、その内容は息子たちのことではなく、父なる神の愛について語っている。その愛は、「この息子は、死んでいたのに生き返り、いなくなっていたのに見つかったから」こそ譬え話として語られたのである。するとそこには、「死んでいたのに生き返った」と語られる「死と生」の物語と、「いなくなっていたのに見つかった」という「喪失と発見」の物語があることになる。この点は、この物語に先行する「見失った羊」と「無くした銀貨」という二つの物語においても確認される。したがって「死と生」と「喪失と発見」とは、ルカに特有の神学思想であると言えよう。

先行する二つの物語でも譬え話が語られており、「喪失と発見」という共通する主題が展開される。「放蕩息子」の物語も、同じ主題をめぐる物語としてルカによって編集されたのである。表面的に見ると、そこには「羊」「銀貨」「息子」という、いずれも見失われたものを発見した者の喜びが特記されている。

そこで、彼は我に返って言った。「父のところでは、あんなに大勢の雇い人に、有り余るほどパンがあるのに、わたしはここで飢えて死にしそうだ。ここをたち、父にところに行って言おう、「お父さん、わたしは天に対しても、またお父さんに対しても罪を犯しました」。

（『ルカ福音書』一五章一七―一八節）

見失われた存在を発見した父が、心から喜んで祝宴を開いた「放蕩息子」の物語には、果たして「霊」について何かが述べられているのだろうか。霊や霊性について、この物語では何も明瞭には語られていないが、暗示的にそれは表明されている。「放蕩息子」は、放蕩三昧に耽って食べ物がなくなったとき、引用にあるように語ったとされる。彼は「我に返って」罪の告白をした。それは「我に立ち帰る」ことであり、「悔い改める」ことを言う。この「我」は言うまでもなく「自分自身」である。だが、「我」や「自分自身」について語られている内容は、餓死しそうになって、嫌悪すべき豚が食べるいなご豆を食べて、ひたすら飢えをしのいでいる惨めな姿だけである。破産した者、すなわち「我」は、「自分自身」すなわち彼の内心を指しており、数々の失敗や裏切りによって恥や後悔の念に満たされた心の状態を指している。それも飢餓に迫られて初めて自分の失敗に気づくほどに、精神的にはきわめて幼稚であった。このようにも未成熟な者でも、その内心の奥底には何かが働いており、これまでの行いを父に対する背反として捉え直させたということではないか。

犯した罪を反省するのは良心の作用だが、罪が失敗として感じられるかぎり、ドストエフスキーの小説『罪と罰』の主人公ラスコーリニコフのように真の悔い改めには至らない。したがって放蕩息子の場合にも、良心が父を想起し、その言葉を聞いて父の愛を受容する能力である「霊」が覚醒されなければ、なんら展開の起こりようがなかった。ところがこの息子は、「大勢の雇い人と有り余るほどのパン」が父のもとにあると言う。想起したのは「雇い人とパン」であって、父の愛ではなかったのだ。ましてや父の言葉を聞いてその愛を受容する心などはいまだもっていなかった。それなのに父のほうは息子の帰還を待望し、遠くからその姿を認めて駆け寄ってきたのである。「父親は息子を見つけて、憐れに思い、走り寄って首を抱き、接吻した」(『ルカ福音書』一五章二〇節)。この父の愛に接して初めて彼は、父の本当の姿を捉え、その愛を理解し、父を子として受け容れたのである。そこに愛を受容する霊の働きが起こっている。霊性には、このような人格的な受容作用が認められるのである。

したがって次のような意味で霊性の思想は展開すると言えよう。人間の内なる心は、他者から愛されるという具体的で現実的な経験を通して初めて、頑なな心から抜けだし、自己に対する他者の関与を認め、それに感謝しながらその愛を受容することができる。実に人格的な愛には、愛されれば愛し返すという応答愛が起こる。それまでは無関心で、冷酷で、死んでいたような心も、愛されることによって生気が与えられ、生き返る。そんなことが起こる。とすれば、放蕩息子の物語は、神の愛に気づくことで生き返った人に起こる霊性の物語であって、そこには父なる神の大きな愛が始めから終わりまで働いていたことが知られる。

かつてマックス・シェーラーは「救済行為の愛は、貧しい者、病める者の中にある積極的なものを実現し展開させるのである。病める者や貧しい者の病や貧困が愛されるのではなく、それらの背後にある隠されたものが、それらの病や貧困から救助されるのである」[17]と語った。ここでの救済行為の愛とは、人格的な愛を指している。たしかに神の愛は価値ある存在に注がれるのではなく、むしろ無価値な者、放蕩に身をやつしている者に注がれるが、それでも彼らの無なる様が神の愛を興しているのではなく、神の愛は彼らの内心とその霊に注がれて、悲惨と貧困から彼ら自身を救いだすのである。この意味では、父の愛は律法主義の兄に対しても注がれており、偏狭で頑なな冷たい心から救われるように願っている。父の愛は息子らの内心に向けられ、霊性を喚起して、応答愛を引き出そうとする。

したがって神と人との関係では、神が授け、人が受けるという授受の関係が基本となっているが、そこでは神の愛を受ける人には大きな喜びが伴われる。ルター（Martin Luther, 1483-1546）は『マグニフィカト』（マリアの讃歌）において次のように語る。「神がいかに底深いところを顧み、貧しい者、軽蔑された者、悲惨な者、苦しむ者、捨てられた者、そして、まったく無なる者のみを、助けたもうような神にいますことを経験するとき、神は心から好ましくなり、心は喜びにあふれ、神において受けた大いなる歓喜のために欣喜雀躍《きんきじゃくやく》（Überschwang）するのである。するとそこに聖霊がいましたもうて、一瞬のうちに、この経験において、わたしたちに満ち溢れる知識と歓喜とを教えたもう[18]」。

信仰はここでも人格的な信頼であって、一般的に「見ることも経験することもない」ものにかかわり、信仰によって高揚する。この高揚には「欣喜雀躍」という心情の運動が伴われる。このように心情が高揚するのは、悲惨な人間を神が顧みる愛が発見されるからである。こうした心情の動きは、ルターにおいては独自な論理を形成する。それはパウロの言葉、「罪が増したところには、恵みはなおいっそう満ちあふれました」（『ローマ書』五章二〇節）に示されている宗教的な経験から把握できる。ここには罪の増加と逆比例的に恩恵が増大するという「逆対応」と「超過の論理」が成立し、そのとき霊性は心情的に高まって「欣喜雀躍」し「小躍り」する。しかし、『ルカによる福音書』は人間の受容状態よりも、神の積極的な愛の業を大いなる喜びとして語る。この神の人間に対する愛に応答する作用こそ、霊性の作用なのである。

11　パウロの回心物語

パウロの劇的な回心物語は『使徒言行録』では三回繰り返し語られている。なぜ劇的かといえば、キリスト教の迫害者がその宣教者となったからである。この回心はどうしても全面的な方向転換でなければならなかった。それは「肉」から「霊」への徹底的な転換として描かれたのである。その激しさは「迫害者」から「宣教者」への大転換であった。この出来事は次のような物語として語られた。

さて、サウロはなおも主の弟子たちを脅迫し、殺そうと意気込んで、大祭司のところへ行き、ダマスコの諸会堂あての手紙を求めた。それは、この道に従う者を見つけ出したら、男女を問わず縛り上げ、エルサレムに連行するためであった。ところが、サウロが旅をしてダマスコに近づいたとき、突然、天からの光が彼の周りを照らした。サウロは地に倒れ、「サウル、サウル、なぜ、わたしを迫害するのか」と呼びかける声を聞いた。「主よ、あなたはどなたですか」と言うと、答えがあった。「わたしは、あなたが迫害しているイエスである」。

（『使徒言行録』九章一―五節）

常識的に考えれば、異邦人伝道者となるためには、ユダヤ人であるパウロではなく、キリスト教徒の中からギリシア的教養を具えている人が選ばれるべきであろう。ところが、もしこうしたギリシア語に堪能な教養人が選ばれたとしたら、ギリシア語と同時にその世界観をも採り入れたユダヤ教の思想家が誕生したことであろう。パウロの同時代人の哲学者フィロンは、そのような思想家であった。彼はユダヤ教とギリシア思想を総合した思想を樹立したのであった。それに比べると、パウロはギリシア思想になんの関心も示していない。もちろんパウロは人間的な資質からいっても優れており、三重に偉大な教養人であった。彼は、一、名門ガブリエルの門下生として薫陶を受けた、エリートであるファリサイ派のユダヤ人であった。同時に彼は、二、ギリシア語を自由に話せる国際的教養人であった。しかも、三、生まれながらにしてローマの市民権をもった自由人であった。

ところが神は、このパウロを用いるにあたって、まず、彼をキリストに対する敵の地位に置き、そこで育成された教養のすべてを徹底的に否定することによって、彼に純粋な福音の生命を注ぎ込まれた。これが「天からの光」の照明であった。それはキリスト認識の大転換であった。そこでパウロはまず空の器とされた後に、そこに福音が注ぎ込まれ、それを全面的に受容することによって純粋な福音の宣教者とされたのである。これこそ神の選びであった。彼は言う。「あなたがたは、わたしがかつてユダヤ教徒としてどのようにふるまっていたかを聞いています。わたしは、徹底的に神の教会を迫害し、滅ぼそうとしていました。……しかし、わたしを母の胎内にあるときから選び分け、恵みによって召し出してくださった神が、御心のままに、御子をわたしに示して、その福音を異邦人に告げ知らせるようにされた」(『ガラテヤ書』一章一三―一六節)と。

『使徒言行録』には主イエスの言葉として、「行け。あの者は、異邦人や王たち、またイスラエルの子らにわたしの名を伝えるために、わたしが選んだ器である。わたしの名のためにどんなに苦しまなければならないかを、わたしは彼に示そう」(九章一五節)と記される。パウロは異邦人伝道へと召命され、そこには多くの苦難が予想された。パウロはイエスの苦しみを担っており、彼自身もこの点を「今わたしは、あなたがたのために苦しむことを喜びとし、キリストの体である教会のために、キリストの苦しみの欠けたところを身をもって満たしています」(『コロサイ書』一章二四節)と記している。

神の選びは人間の予想を超えている。パウロは実にイエスの敵という敵対的な立場から、実に劇的に、それとは正反対の福音の宣教者となった。こうした器は、福音の光を遮蔽《しゃへい》したり曇らせたりすることからまったく自由である。そこにはこれまで営んできた生涯の全面的な否定が含まれており、器としての優れた資質が、この空となるプロセスで福音を純粋に受容する霊の働きを引き出したのである。ここにパウロの霊性を捉えることができる。それは劇的な回心物語として示されている。

『ガラテヤの信徒への手紙』の記述によれば、ダマスコ途上で受けた「天からの光」は「御子をわたしの内に啓示して」くださった（一章一六節）ことを指し、それは「イエス・キリストの啓示」（一章一二節）であった。ここで「わたしの内に」とは何を指しているのか。それは神の啓示を受容する心の作用、つまり霊性であると言えよう。では、その啓示内容は何であるか。それは「キリストは、わたしたちのために呪いとなって、わたしたちを律法の呪いから贖《あがな》い出してくださいました。聖書に〈木にかけられた者は、皆呪われている〉と書いてあるからです」（三章一三節）という言葉で示される。十字架にかけられたイエスは神に呪われたものである。この認識は迫害以前と以後とで変化してはいない。変化しているのは、「わたしたちのために」という言葉に示されている事態である。律法に照らしてみるならば、イエスは神に呪われた者であり、そのような者を救い主キリストと信じる者は徹底的に排斥されなければならない。これがキリスト教の迫害者パウロの主張であった。ところが彼はダマスコ途上で、この呪われたイエスがほかならない「わたしのために」呪われたのであるという認識に到達した。これに優る驚天動地《きょうてんどうち》の出来事があろうか。それに勝る青天の霹靂《へきれき》などないであろう。上からの光の照射によって、このような認識の大転換が起こったのである。

こうしてパウロのキリスト教徒に対する憎しみは、キリストの真実の愛によって劇的に転換され、克服されたのである。迫害者パウロは呪われたイエスを見過ごすことができなかったであろう。ところが見過ごすことができないイエスこそ、ほかならないこの「呪われたイエス」こそ、「わたしのキリスト」となる認識の大転換が起こった。これは「天からの光」としか言い表しえなかった。事実、天からの光によらなくては誰がこのような認識に到達できようか。パウロの回心はこのようにして起きた。そこには神の選びの不思議な業が認められる。この神の不思議な業はパウロの霊性によって受容され、劇的な回心となったのである。

第三章　キリスト教古代と中世

はじめに

古代教会における教義学上の最大の主題は受肉の問題であった。そこから三位一体論とキリスト論の教義が生まれた。このように受肉を中心に神学が形成された時代には永遠的なものに与ることへの関心と渇望が霊性的な「敬虔」を導き出した。そこには思想形成で重要な役割を果たしたプラトン主義が、キリスト教と異質であったにもかかわらず、そこに息づいていた永遠への志向のゆえに受容され、キリスト教的プラトン主義というこの時代に特徴的な霊性を形成した。

したがって古代教会では永遠なものに対する熱望から敬虔の類型が創造され、現世否定と神への献身の中に霊性が育成された。現世否定の試みは、孤独にあって欲望と闘った霊性の記録しして『砂漠の師父の言葉』に編集され、残された。その代表者はアントニオスであった。さらに特記すべきことは、ダイモンという守護霊が天使と闘う悪魔としてラクタンティウスによって捉えられたことである。このダイモンとの対決は、アウグスティヌスの『神の国』に継承されており、ダイモンとの闘いによって霊性は強められ、やがて永遠なる神の観想に至ると説かれた。同時にアウグスティヌスは、プラトン主義の問題点を克服し、キリスト教的霊性の確立に貢献した。

六世紀から一五世紀にわたり、中世のキリスト教を導いた最大の勢力は修道院であった。この時代では修道の精神が霊性を常に育んだ。そこでは一般的に言って、三つの時代に区分されている。初期の九―一二世紀の成立期には、エリウゲナ、アンセルムス、クレルヴォーのベルナール、アベラールなどが輩出し、一三世紀の全盛期にはボナヴェントゥラ、トマス・アクィナス、ロージャー・ベーコンなどが活躍した。後期の一四―一五世紀前半には、ドゥンス・スコトゥスやオッカムさらにエックハルトやタウラーのような神秘主義者たちが活躍した。

一二世紀のパリの長官にして教会史家であったペトルス・コメストルは、修道院で生活している人たちとスコラ学者とを対比して次のように語った。「読書よりも祈りに専心する人々がいる。修道院に住む人々である。またすべての時間を読書に過ごし、祈ることはまれな人々がいる。彼らはスコラ学者なのである[1]」と。これによってもわかるように、同じく聖書や古典を読むにしても、それを学問的な討論のためにするのと瞑想的な祈りのためにするのとでは、その違いは実に大きいといわねばならない[2]。

この時代にはクレルヴォーのベルナールと同時代の女性神秘家ビンゲンのヒルデガルト、および聖者フランチェスコによって注目すべき霊性思想が展開する。中世における基本的な敬虔の類型は、アッシジの聖フランチェスコに見られる霊性に典型的にあらわれており、聖人の生活は愛によって導かれた神への執り成しから成り、そこから人々の関心はあらゆる種類の執り成しや仲保の働きに向けられた。たとえば聖者崇拝、聖遺骨や聖遺品への礼拝、聖地巡礼、聖餐における司祭の役割、祈禱のもつ執り成しの機能がこの時代の敬虔な生活に浸透した。これらは中世的な霊性の豊かな表現と見なされる。

さらにベルナールに始まるキリスト教神秘主義は、いずれも修道院における祈りと瞑想の生活から生まれており、敬虔といっても神の律法が厳しく遵守されるのに応じて神の怒りが大きく感じられるようになった。その結果、神の人間に対する厳しい要求がどのようにして満たされ、その怒りが和らげられるかという問いが、すべてに優る重大な関心事となった。このような傾向はダンテの『神曲』の中に反映し、中世的な宮廷的愛に対する批判となって、独自の霊性思想を形成した。また、中世の女性神秘主義も浸透しつつあった宮廷的な愛と対決してベギン運動となり、一般民衆にまで霊性が影響を与えることになった。

近世に向かう頃から、とくに一四世紀のオッカム主義の影響によって、神と人との自由な人格的な関係が強く意識されるようになり、神に対して直接対面する信仰が起こり、そこから義認問題が神学思想の中心となった。人間の主体性の自覚が、中世後期の民衆運動と「新しい敬虔」（devotio moderna）の運動を生み出し、何によって人は罪より救われ、義とされるかということに重大な関心が寄せられた。この点は一五世紀を代表するジャン・ジェルソンの思想に色濃く反映している。

1　砂漠の師父アントニオス物語

修道的な霊性の代表者アントニオス（Antonius, 251頃―356）の言葉は、悪霊との戦いとして『砂漠の師父の言葉』に記されているが、そこにはキリスト教古代の聖人や教父たちの言葉が多く残されている。そこでは人々がいかにして砂漠に隠棲し、霊的な完成を求めたかが師父の言葉として保存されている。その中でもきわめて有名な隠修士、証聖者アントニオスの物語を取り上げてみたい。彼は悪しきダイモン、つまり悪霊との闘いを次のように語っている。

師父アントニオスは語った。「思うに、体には、おのずと生じてくる自然の動きが備わっている。しかし、魂が意志しなければ、それは十全な働きをしない。こうしたものは、体のうちなる情念によらぬ動きのみを示している。他方、体を食べ物や飲み物で養い温めることによって生じる別の動きもある。それらを通して、血液の熱が体を現に働きへと促すのだ。ゆえに、使徒は言う。「放縦がそこに潜んでいるようなぶどう酒に酔ってはならない」（『エフェソ書』五章六節）。さらに、福音書の中で、主は、弟子たちにこう命じている。「飲酒に耽ることであなたたちの心が鈍らないよう心せよ」（『ルカ福音書』二一章三四節）。また、霊的に闘う者たちにとっては、悪霊の姦計と嫉妬から生ずる別の動きもある。それゆえ、三つの身体的な動きがあることを知らねばならない。一つは自然的なもの、他の一つは過度の食事からくるもの、三つ目は悪霊からくるものである(3)。

アントニオスが実践した修道の歩みは後代に多くの影響を残した。それはよく知られていたし、古代キリスト教の教父アタナシオスは、その試練と誘惑の物語を有名な『アントニオスの生涯』に詳しく記録した。これがアウグスティヌスの回心の先駆けとなったばかりか、アッシジのフランチェスコが回心したとき、どのように生きるべきかを尋ねて福音書を開き、そこに提示された福音の言葉を文字通り実践するところにも、この書に記されているアントニオスの回心の記事が反映している。また一六世紀の画家グリューネヴァルトがアントニオスの誘惑の有様を絵画で如実に描いたし、現代の作家フロベールの『聖アントワースの誘惑』によっても、その闘いが広く世界に知られるようになった。

アントニオスは中部エジプトの寒村に富裕な両親の息子として生まれたが、若いときに両親と死別する。二〇歳のときにすべての家財を棄て、洞窟の生活に入り、二〇年間におよぶ修道によって人間の弱さを克服し、かずかずの奇跡を行い、多くの弟子を教育し、修道制度を創始し、「荒野の泉、修道士の父」と呼ばれるようになった。また、単なる隠遁の生活に終わらず、アタナシオスの要請によってアレクサンドリアで異端のアレイオス派に反対する説教をしたばかりか、異教徒とも闘った。

ここでは有名な聖人伝である『黄金伝説』からその生活の一端を挙げてみよう。


あるとき、アントニオスが墓穴で寝ていると、そこに大群の悪霊が押しかけてきて、彼を殴ったり、引きずりまわしたりした。彼の下男は、てっきり死んだものとおもって、彼を肩にかついで帰った。すると、友人たちもみんな彼のまわりに集まって、死んだものとばかりおもって彼のことを嘆き悲しんだ。ところが、みんなが眠ってしまうと、アントニオスは眼をさまし、下男にもう一度墓穴へかついでいってほしいと命じた。彼は、傷の痛みのために墓穴にぐったり横になっていたが、それでも精神の力で悪霊たちをもう一度闘いに呼びだした。悪霊たちは、さまざまな身の毛もよだつような生物の姿をしてあらわれ、角や歯や爪でふたたび見るも無残に彼を引っ掻きまわした。が、そのとき突然、明るい一条の光がさしてきて、悪霊たちをのこらず追いちらした。そして、たちまちもとの元気な姿にもどった。そこで、キリストが臨在されていることを悟って、アントニオスは、「主よ、最初のときはここに来てくださいませんでしたし、わたしを助けてもくださらなければ、傷を治してもくださいませんでしたが、どこにおられたのですか」と言った。主は、答えられた。「アントニオスよ、わたしは、あなたのそばにいた。しかし、あなたの戦いぶりをぜひ見たい気がしたのである。しかし、あなたは、ほんとうに雄々しい戦いぶりを見せてくれた。わたしは、あなたの名声が世界じゅうに大きくなるようにしよう」と。[4]

この出来事は、アタナシオスの『アントニオス伝』にも詳細に伝えられている。誘惑の首謀者は悪魔であると見なされ、悪魔は善を憎むことを常とする嫉妬深い姿で描かれており、若いアントニオスの志を見るに耐えられず、「まず手始めに、財産に対する追憶、妹への配慮、家庭の愛への思いをかきたて、彼がなしている修行を放棄させようと試みた。さらに金銭に対する欲求、野望、食べ物の嗜好、この世のさまざまな慰撫を彼の心に吹き込んだ」。その上で悪魔は、「徳行の苛酷さを彼の心に吹き込み、それに要求される多大な労苦、肉体の弱さ、長い時間に彼の心を向けさせた」[5]。こうした誘惑は時の経過とともにますます激しくなり、厳しい試練となっていく。

とりわけ「淫行の霊」と呼ばれる悪魔は、アントニオスを激しく誘惑するが、彼の固い決意に出会って、かえって自分の無力を知らされ、その剛毅に敗れ、信仰によって撃退されてしまう。

こうして悪魔は、アントニオスの絶えざる祈りによって撃退される。アントニオスはキリストを思い、キリストから得た魂の気高さと洞察力を心にもって、悪魔の誘惑と情火の炭火を消してしまった。さらにまた、敵が快楽への欲求を彼の心に吹き込むと、彼は誘惑に負けたときの地獄の苦悩を思い起こし、それに対抗することで無傷のまま切り抜け、悪魔を狼狽させることになった。また、砂漠に住まう彼のもとを訪れた哲学者との討論では、受肉の思想によって、「神性と御言葉《みことば》の特性に与ること」が可能になったことを説き明かして、哲学者の誤りを指摘し、撃退する。こうしてアントニオスは、キリスト者の信仰生活と霊性、とくに修道的な霊性の模範として大きな影響を後世に残すことになった。中世に至ると、彼の模範的な行動が、キリスト教界において活発になる修道生活に大きな影響を与えるようになる。

アントニオスの伝記を書いたアタナシオスは、アレイオス派との論争で知られた教父であり、アントニオスとも親交をもっていたことは確かである。アタナシオスは青年時代にアントニオスに師事し、荒野で隠修士として生活を送ったか否かは明らかでないが、信仰者を脅かす悪魔の誘惑についての詳細にして如実な叙述は、修道士だけでなく、一般のキリスト教徒の生活にも模範を提示している。

2　ラクタンティウスにおける天使と悪魔

実践的活動家アタナシオスの時代にはラクタンティウス（Lucius Caecilius Firmianus Lactantius, 245-325頃）が活躍し、キリスト教会を指導するようになった。ラクタンティウスはアフリカ出身のラテン語の教師にして修辞学者であり、優れた古典的な文章家として知られていた。三〇〇年頃に回心し、キリスト教徒となった。回心後に著作活動に入り、歴史的に大きな影響を及ぼした多くの著作を残す[6]。それらにはこの時代の世相が反映しており、不安と恐怖が増大する時代を背景として、ラクタンティウスはキリストと悪魔とを対とする二元論を復活させた。当時は異端的なマニ教の二元論が隆盛であり、ラクタンティウスはこれと対決してキリスト教を擁護し、マニ教を批判した。また、悪を「善や存在の欠如」と見るプラトン主義とも対決して、悪を悪魔の活動力によって説明した。ここからキリストと悪魔とが二元的に対立させられるようになったが、その対立は神によって克服される点を、ラクタンティウスは力説する。彼は次のように主張した。

他の物を造る前に、神はまず源を二つ、それぞれ互いに対立しあうように造った。この二つの源は二つの霊、正しい霊と堕落した霊であり、一方は神の右手、他方は神の左手のようなものである。[7]

ラクタンティウスは魂の起源に関する創造説を完成させた点で、優れた成果を収めた。その要点を『神の労作』(De opifico Dei) から取り上げてみよう。[8] 彼は精神と魂について、また両者の関係について、さらに魂の由来について論じる。彼によると「精神」(animus, mens) の本質はまったく捉えることができない。精神は自分がどこにいるのか、どのような性質であるのか知らないが、その座は頭脳の髄か心胸にあって、「いわば山頂におけるように最高のところに」ある。それは繊細で柔らかく知覚を可能にし、その繊細さゆえにすべての物体的なものから区別され、地上を超えた領域に属する。[9] さらに「魂」(anima) も精神と同様に認識できない。「というのは絶えず自分で活動し、動き、見られず、触れられえないものはすべて必然的に永遠であるから」。[10] ここには、「自己自身を動かすもの」というプラトンの魂の規定が受け継がれている。ラクタンティウスは、魂は生命原理であって、栄養としての血、体温としての火、扶養者としての息を通して活動するとした。したがって魂は物体や世界を構成する要素ではないが、物体的なものを通して活動する。[11] 彼は、魂と精神を同一視せず、本質的に相違すると考える。魂は生命原理であって神によって創造され、人間の中に吹き込まれたが、他方、精神は純粋に自然的な機能とは異なる魂の活動を言い表す。[12]

この精神が身体と接触している側面が情念であるが、精神は本来的な人間であるのに対し、身体は壊れやすい器であって、その中に精神としての真の人間が宿っている。[13] それゆえ身体は容器・箱・宿屋・牢獄と呼ばれる。[14] したがって身体だけでは人間の真実な姿は認識できず、その業《わざ》と行動によって人間は知られる。

魂の起源は、神自身のもとにある。だが、どのように魂が誕生するかは観察することができない。人間的な力の伝播は身体にのみ制限される。それに対して人間の受胎、体の形成、魂の吹き込み、誕生、維持は神の業である。さらに神は、魂に知恵を授ける。とはいえ、そのプロセスは誰も知るところではない。霊の注入と神の霊との関係については、『神の制度の要約』で扱われる。まず、神が各々の魂を造ったときの「霊の注入」(inspiratio)について論じられる。テルトゥリアヌスが、神から霊が流失したと説く流出説、つまり人間の魂が神の息(flatus)からのみ発生し、「霊」(spiritus)からではないと論じたのに対し、ラクタンティウスは最初の人間の創造について、「肉が造られてのち、神は生命の泉から久遠の霊を魂に吹き込んだ。この世を構成している要素とは反対のものから、自らに類似したものを生んだ[15]」と言う。このような創造(creare)や生殖(proceare)によって、ラクタンティウスは、自説がプラトン主義の流出説から切り離されていることを示したのである。彼は、魂がすべて物体的なものよりも遥かに優れていることを強調するために、神の霊の直接的な注入に立ち返り、魂の実体を霊として規定した。[16]

この霊のゆえに魂は優れた活動をなし、もろもろの悪を克服することが可能となる。その際、彼は自由意志を神の性質と見なし、人間がその分け前に与っていると捉える。[17] ここに人間の責任と倫理の基礎がある。人間は自由意志にもとづいて身体を支配し、不断の闘いによって身体に勝利しなければならない。したがって身体性は罪の原因となりえても、罪責は精神と自由意志に帰せられる。[18] 人間は純粋に精神的な存在として善ではなく、単なる身体として悪でもない。その中間の存在である。それゆえに純粋な精神的存在として全知ではなく、身体的なものとしてまったくの無知でもない。つまり、人間は精神的にして同時に身体的な存在なのである。また、精神においても誤ることがあり、哲学の学派もそれぞれに真理の一部は捉えても、完全な真理に至るためには神の啓示がなければならない。哲学の真理は、キリスト教の真理との調和に求められるのである。

では、なにゆえに悪が世に現存し、猛威をふるっているのか。彼の神義論はきわめて独創的であって、まず「善は悪なしには理解されえず、悪は善なしには理解されえない[19]」と言う。つまり、悪は善を前提し、それに対する破壊として存在する。したがって、悪は善が善として明らかになるための必要不可欠な前提である。悪を克服して初めて美徳の善が明らかとなる。「対立物である悪徳もまた存在するのでないかぎり、わたしたちは美徳を感知できない。また反対方向へと誘惑されるのでなければ、美徳を実現することもできない。悪の性質と対照することによって、わたしたちが徳の性質を捉えうるように、このような善と悪との区別と距離とを、神は造ることにしたのである」[20]。したがって、「悪を排除してしまうことは美徳を消し去ることなのである」[21]。

神は悪魔をも、善のために造ったと言えよう。もちろん、悪が神から生じるのは不都合であるがゆえに、神は悪魔を堕落した意志とすべての不正とがもともと内在するものとして造った。すべての善は一方の源から、すべての悪はもう一方の源から、生じる。だが、この善悪の二原理の背後に神がいて、人間がその活動を通して悪を克服するように意図されたのである。こうして悪対善、悪魔対天使、地獄対天国、闇対光、死対生、夜対昼など、二元的に対立するものが存在し、人間の活動を通してそれらは超克すべきであることが説かれたのである。また、これによってマニ教のような形而上学的二元論が克服されうるとも説かれた。それでも、「知恵の理解ではなく、人間の理解は誤る。……真理を知るのは神の知恵に属する。人間は神によって教えられていないなら、自分自身によってはこの知識に到達することができない。こうして最高の哲学者らは人間の知恵を追求したが、知恵ではないものを理解したにすぎない。それを探求することができなかったので、単に存在しているものを語ったにすぎない」[22]。

3 アウグスティヌスのダイモン批判

ギリシア・ローマ文化の影響を受けて育ったアウグスティヌス（Aurelius Augustinus, 354-430）は、プラトン主義によって神の直観に到達しようとしたが、神の光の照射を受けて、その企てに挫折する。しかし同時に、神の呼びかける言葉を聞き、信仰の道に転向して、救済の経験に到達した。その著作『告白録』には、この転換を引き起こした経験が「心の内奥」という「霊」において起こったこととして、次のように記されている。

そこでわたしは、それらの書物から自己自身に立ち返るように勧められ、あなたに導かれながら、心の内奥に入っていきました。それができたのは、あなたが助け主になってくださったからです。わたしはそこに入ってゆき、何かしら魂の目のようなものによって、まさにその魂の目を超えたところに、すなわち精神を超えたところに、不変の光を見ました。それは誰の肉眼によっても見られるあの普通の光ではなく、それと同類だが、もっと大きく、はるかに明るく輝き、その明るさで万物を満たすような光でもありませんでした。わたしが見たのはそういう光ではなく、このようないかなる光ともまったく別のものでした。……そしてはげしい光線をあてて、弱いわたしの視力を突き放されたので、わたしは愛と恐れにわななきました。……そのときはるかに高いところから、「わたしは大人の糧である。成長してわたしを食べられるようになりなさい……」という御声《みこえ》を聞いたように思いました。その声を、わたしはまるで心に聞くように聞いたのです。(23)

ここには、一、内面への転向が始めに述べられ、「心の内奥」という霊の場所が示される。次に、二、「魂の目」によって、自己を超えたところに不変の光を見る体験が語られている。ところがそれは、三、不変の光の照射をうけ、突き放されるという経験となり、直観は一瞬のうちに消滅してしまう。このような「魂の目」による光の認識の挫折は、神の側からの声を啓示として聞く信仰に、アウグスティヌスを向かわせた。したがって彼の救済体験は霊の場における出来事であり、霊性物語となっていることが理解される。

アウグスティヌスは、聖書に記された神の言葉を聞くことによって救済を経験した。この経験から、当時のプラトン主義者アプレイウス（Lucius Apuleius, 124頃-170頃）が説いていたダイモン信仰を攻撃するようになった。北アフリカのヒッポの司教となったアウグスティヌスは、大作『神の国』第八巻においてギリシア人やローマ人が懐いたダイモン信仰を徹底的に批判するようになり、次のように言う。

真の宗教は、心のすべての激情、精神の不安、魂のあらゆる混乱と嵐――アプレイウスはダイモンがこうしたものによって激し、動揺すると言っているが――そうしたものを捨てるようにとわたしたちに命じる。それゆえ、きみが生き方においてそれに似ないようにと乞い願っているものに対して、畏敬をもって謙虚のかぎりをつくすということは、また、崇拝しているものに真似る者となることが宗教の最高の本質であるにもかかわらず、真似ることを欲しない者を宗教の名によって崇拝するということは、愚昧さとあわれむべき誤謬によるのでないとすれば、いったいどのような原因によるというのであろうか(24)。

アウグスティヌスの『神の国』第八―九巻では、当時のダイモン礼拝が詳細に批判されている。その批判は、プラトン派の中でもアプレイウスの『ソクラテスの神』が典拠とされる(25)。この著作はプラトン哲学についての入門書であったが、アプレイウスはその当時、魔術と宗教と性《さが》とを独特の仕方で混ぜ合わせて創作した物語『黄金のろば』（変身物語）という作品で流行作家となっていた。アプレイウスは、アウグスティヌスが少年時代に教育を受けたマダウラの出身であった。彼は『ソクラテスの神』の中で、プラトンの『饗宴』にもとづいてダイモンを神と人間とを仲介する霊として説いた。

アウグスティヌスはその時代、プラトンに従ってダイモン信仰が起こってきたことと対決し、それが悪い霊であることを繰り返し説いた。アウグスティヌスによれば、聖書に説かれているのは「悪霊」であり、「善い天使」や「悪い天使」であって、決して「善いダイモン」などは語られていない。もちろん聖書にもダイモンという名詞は見いだされ、ダイモネス（男性複数）という形でも、ダイモニア（中性複数）という形でも語られているが、その場合はただ邪悪な霊を意味している。さらに、人々がこうした言葉づかいと慣用に従っている場合には、どこにおいても異教徒と呼ばれるし、多くの神々やダイモンを礼拝すべきであると主張する人々が、たとえどんな学識ある人や教養人であっても、自分の奴隷に対して、「あなたはダイモネスをもっている」などと言って賞賛する人などいないと言う[26]。

アウグスティヌスは、神とダイモンとは区別するべきであって、後者は悪しき霊であるから、アプレイウスの著作の表題は『ソクラテスのダイモン』とすべきであると主張した[27]。アウグスティヌスは、ダイモンの性格について説明し、ダイモンは人間が魂の激情によって駆り立てられるのと同じ激情によって駆り立てられ、不正によって刺激され、恭順や贈与物によってもてはやされ、名誉を喜び、さまざまな宗教的祭儀を楽しみ、もしそれを怠るならば不愉快に感じ、それらを行うように要求する、と言う。その他のことにおいても、たとえば鳥占い、腸卜、予言、夢の啓示などはダイモンの働きであり、魔術師の不思議もまたダイモンによって起こると主張する。

しかし彼は、ダイモンをいっそう簡潔に定義し、ダイモンは生命的存在であり、魂においては感情的であり、精神にあっては理性的であり、身体では空気からできており、時間的には永遠である、と言う。そしてこれら五つの性質のうち、始めの三つはダイモンとわたしたち人間とに共通しており、四番目のものはダイモンだけに固有のものであって、五番目はダイモンと神々とに共通している、と語っている。

しかしダイモンが、プラトンの『饗宴』で説かれているように[28]、人間の願いを神々に届け、神々からの贈り物を人間に届ける仲介者であると主張されている点に対して、アウグスティヌスはダイモンの仲介を否定し、それへの礼拝を非難する。というのもダイモンが、神々と同様に不死であっても、人間と同様に悲惨な魂をもっているので、ダイモンは神々と人間との両者の仲介者として人間を幸福にできるはずがないからである。アウグスティヌスはこのようなダイモン信仰と対決し、それが悪霊であることを繰り返し説き明かした。事実、ローマ帝国では魔術を施すことはれっきとした犯罪行為であり、「魔術師」と呼ぶことは相手に対する侮辱でもあり、悪口でもあったのである[29]。

4　ベルナールと愛の物語

一二世紀の前半に活躍したクレルヴォーの修道院長ベルナール（Bernard de Clairvaux, 1090-1153）は、ヨーロッパ中世におけるキリスト教的な霊性の伝統を形成した神学者にして神秘主義者であった。同時代の人々に、ベルナールは聖人と映っていた。人々によって彼は心から愛された。親しかった人々は、彼と一緒にいるとどれほど楽しいか、「彼の信心がいかに嬉々としたものであるか」と讃えている。[30] だが、実際のベルナールは、「病身の人の細心さと、行動の人の情熱をあわせもち、天才的な知的明敏さときわめて鋭い感受性とを兼ね具えていた。こうした相反する性格をもちつつ、しかもこうした相争う性格のおかげで、ベルナールは何よりも激しくイエス・キリストの神秘を生きた」と伝えられている。[31] ここに、ベルナールの霊性思想を理解する鍵があるように思われる。

ところでベルナールが活躍した一二世紀の前半は、南フランスでトゥルバドゥールといわれる吟遊詩人たちが登場した時代に当たる。この時代は歴史家セニョボスにより「愛は一二世紀の発明である」と宣言され、ルージュモンにより「ヨーロッパ的愛」と規定された宮廷的な恋愛が開花した。[32] この宮廷的な恋愛とキリスト教的な愛との関係はさまざまに議論されているが、直接キリスト教の影響はなかったとしても、「一二世紀ルネサンス」と呼ばれるこの時代に新しい愛の形が芽生えてきたことは事実であり、この時代を代表する思想家であったベルナールにも愛の新しい理解が認められる。もちろんベルナールは神学や倫理を刷新したとはいえ、彼自身の意識においては聖ベネディクトゥスに帰り、そこからさらに聖書のイエス・キリストにまで立ち帰って、それに倣うこと以外には何も意図されていなかった。

ベルナールは、アウグスティヌスが説いた「愛の秩序」（ordiatio caritatis）を継承しており、愛のうちに統合と原動力を見いだす有徳な生活を形成することをめざし、なかでも彼は愛が進歩することを力説して、「愛の四段階」によって愛を通しての自己超越の段階的な省察がなされた。ベルナールは、次のように言う。

> 最初には人は自己のために自己自身を愛する。たしかに彼は肉であり、自己のほか何も味わうことができない。人は第二段階で神を愛するが、神のためではなく、自己のために愛する。人はもはや自己のためではなく、神のために神を愛するという第三段階に進む。第四段階では人はただ神のためにのみ自己を愛する。[33]

このテクストにある第一段階の愛は「自己愛」（amor sui）と呼ばれ、第二段階の愛は神をも自己のために使用するため、のちに「貪欲の愛」（amor concupiscentiae）と呼ばれた。そして、第三段階の愛は「友情の愛」（amor amicitae）とされる状態である。第四段階の愛はのちにどのように呼ばれたか明らかではないが、「真の自己愛」と名づけることができよう。これがよく知られた愛の四段階説である。

当時、ベルナールは、アイメリクス枢機卿から多くの質問を受けていたが、そのうちの愛に関してのみ答える『神を愛することについて』を書き残した。彼は、「神を愛する理由は、神自身である。そして、その限度は限度なしに愛することである」という言葉から筆を起こし、神を人が愛する理由は神自身、つまり神が人に対して自己自身を与える愛にあるので、わたしたちが神を、心を尽くして愛し返さないなら、「内に生具的で、理性によく知られた正義」が愛すべしと命じる、と説く。ところで、人間が神を愛さずに、自分のものを追求している点に、その悪が存在する。これが自己愛であって、それは自分のために自分を愛することであると規定する。ベルナールは言う。「これが肉的な愛であって、これによって人は何より先に自己自身のために自己自身を愛する」と。

この肉的な愛が限度を破って快楽の広場に入りこもうとすると、「あなたと同じく隣人を愛しなさい」との戒めがそれを阻止する、とベルナールは説いた。というのも、同じ本性を共有する人間同士は恩恵をもともにわかち合うべきであり、自己と同じく隣人に対しても優しく寛大でなければならないし、「あなたが自分の敵から奪ったものを本性において仲間である者に分配することは、あなたにはまったく困難ではない、とわたしは思う。自分の快楽が引き抜かれ、兄弟たちの必要が拒まれないとき、あなたの愛は節度があり、かつ正しい。こうして肉的な愛が共通なものに広げられるとき、それは社会的な愛となっている」と説かれた。彼はこのように自己愛が隣人愛によって導かれ、他者に奉仕するものになるように勧告し、神により与えられる聖《きよ》い愛（カリタス）によって欲望は秩序づけられねばならないと主張した。

この時代には、ヨーロッパの日常生活においても大きな変化が起こっている。それは上層階級の宮廷を中心にした生活上の大変化が、恋愛の現象にあらわれ、その生ける姿はこの時代の文学を代表するトゥルバドゥール（吟遊詩人）によって歌われた。その背景には、実際生活における女性の地位の高まりが認められる。当時は政略結婚が支配していたため、結婚においては純粋な男女の愛は容易に実現できなかった。実際、男女の愛は当時の社会生活と衝突してもいたのである。これに対して、南フランスに宮廷恋愛詩人トゥルバドゥールが登場し、新しい愛の観念を創出した。(34)

事実、一一世紀の武勲詩『ローランの歌』には、いまだ女性に対する愛は語られず、ただ戦闘的なゲルマンの騎士魂が賛美されたにすぎなかった。ところが一二世紀に入ると、『トリスタンとイズー』に見られるように、王妃イズーへの騎士トリスタンの「至純の愛」（フィナモル）が大いに賛美され、「宮廷的愛」とか「騎士道的愛」と呼ばれる新しい愛が謳歌されるようになった。

だが、「宮廷的な愛」では「きらびやかさ」や「雅び」が重んじられていたとしても、ベルナールから見れば、それは「自己愛」以外のなにものでもなかった。

5　ヒルデガルトの幻視物語

この時代、ベルナールの良き相談相手でもあったヒルデガルト（Hildegard von Bingen, 1098-1179）はドイツのベネティクト会修道女であり、女性神秘家として活躍し、独自の霊性思想を表現した。ヒルデガルトはラインラント地方の貴族の家に生まれ、幼くしてベネディクト会修道院に入り、修道院長となり、一一五〇年、ビンゲン近郊のルーペルツベルクに自身の修道院を新設した。その思想は、幻視にもとづいて編纂された『スキウィアス』（道を知れ）によって知られるようになった。書名にある「道」とは「神の道」のことであり、「主による救いの道」を意味する。この書は、「幻視」（visio）という宇宙論的な発想による思想の展開と強烈な預言者的な発言とによって多大の影響を与えた。その他にヒルデガルトには『自然学』と『原因と治癒』という科学者必携とされた書物もある。

その思想は、幻視によって説かれた。たとえば、『世界と人間に対する神の業』の第一の幻視は、幻視者が述べる神秘的なイメージによって始まっている。

わたくしは南風のさなか、神の神秘のうちに、すばらしく美しい像を視た。それは人の姿をしていた。彼の顔はたいへん美しく澄んでいたので、わたくしにはこの顔よりも日輪を眺め入るほうが容易なほどであった。さらに黄金の輪が彼の頭を取り巻いていた。頭の上のこの輪のなかに、歳をとった男性のそれのような別の顔が現れた。その顎と髭は第一の頭の頂点にふれていた。この形姿の頭部から両側へ向けて翼がはえているのだった。[35]

続いて、この形姿が次のように語り始めるとき、視覚的な像は聴覚的な体験となる。

神の本質を有する、火のような生命であるわたしは、美しい野原の上に点火する。わたしは湖川のなかに照り輝き、日輪、月輪、星辰のうちに燃える。息吹きの一つひとつにより、わたしは万物を生命へと呼び覚ます。そのようにして空気はいわば緑に芽吹き花咲くように生きている。そして水たちは、まるでそれが生命をもっているかのように流れてゆく。日輪は光のなかで生き生きと燃え上がり、月輪は日輪の火によって点火され、くりかえし新たに生かされる。……それというのも、わたしは生命であるからだ。わたしはまったき完全なる生命(integra vita)である。石より打ち出されたのでもなく、枝より咲いたのでもなく、男の生殖力に根をもつのでもない。むしろ万物の生命こそ、わたしのうちに根をもつ。理性(Vernunft)はいわば根であって、響く言葉はそこから花咲く。[36]

この言葉によって存在の三位一体的基本構造が設定される。なぜなら「響き」(Schall)、「言葉」「息」という三つの能力を理性(rationalitas)もまたもっているからである。つまり、「言葉」が「響き」のうちにあるように、「子」は「父」のうちにいる。だが、「聖霊」は「息」と「言葉」のように、両者のうちにいる。こうして主の聖なる霊は全世界を充たし、自然のあらゆる美の中にあらわれる。(37) 世界と人間についてヒルデガルトが描いたイメージは、自然主義的な解釈を超えて、その霊的な背景から解明するときにのみ理解される。そして、この世界の精神的な構造は三位一体の神の神秘から解釈されて初めて生き生きとした姿を得る。こうした仕方で正統的な信仰が堅持されており、それに依拠しつつ政治的な発言と異端カタリ派への論駁もなされたのである。(38)

ヒルデガルトは神秘家であるにもかかわらず、神との神秘的合一に向かう没我や脱自とは無縁である。彼女は幻視を見ているときも目覚めており、純粋な心と内的な感覚とでそれを受容する。その体験内容は「生き生きとした光の影」(umbra vivendis luminis)と呼ばれる光の臨在として描かれる。この光の中で、自然が輝くように説教の言葉や行為が形を帯びてくる。こうして幻視が「生き生きとした光」(lux vivens)を彼女に授け、人間の言葉とは相違する異言となっても、それは忘我の状態ではない。したがって神を畏《おそ》れる心貧しい謙虚な魂に、神が直接に幻視を注ぎ込むことになる。そこでは徹底した謙虚が求められる。彼女はまず、自分がエバの罪によって卑しめられた女性に属する者であり、男性と異なり、人間の学知をもたない無学者であると言って、謙虚な自己認識を示す。この認識によって自我が無とされ、神の言葉を受容する道が拓かれる。こうした受容において、彼女の霊性の姿が見えてくる。霊性を通して、「生き生きとした光」である神の言葉になりきって、ヒルデガルトの説話は行われるのである。(39)

ヒルデガルトは、霊的な修行についても良識にもとづいて語っており、苦行への呼びかけをしつつ、悪魔と天使が介入する壮大な規模のドラマを通して、キリストが勝利をうる美徳と悪徳との闘いを描く。ここで説かれる教訓は、常に平和の教えである。弱い者も罪人も、気落ちせずに努力することによって恩寵の助けが授けられ、克己心が得られる。これらも幻視によって説かれたが、それは脱魂でも幻覚でもなく、覚醒の状態で感覚が正常に働いているので、観想が悪徳に打ち勝ち、人は聖霊に導かれて心の目を神に向けることができる。この観想は神の直視ではなく、聖書と聖務日課によって心に刻み込まれた神の言葉によって与えられる。

6 フランチェスコの聖痕物語

ベルナールは、シトー会に属する指導者であったが、この会の修道院活動が頂点に達する頃、組織が巨大化することによってこの会派は、内部から崩壊する危機に見舞われた。それと同時に都市を中心にして、新たな宗教心が目覚め、民衆による新しい宗教運動が起こってきた。そこには同時に個人の目覚めも生じており、これまでのように修道院に閉じこもって集団の中に埋没することを欲せず、自己の欲求と意志にしたがって神との霊的な合一を求める気運が盛り上がってきた。ここから世俗のただ中にあって家もなく放浪する托鉢修道会が出現した。その創始者がフランチェスコである。

フランチェスコ（Francesco d'Assisi,1181/2-1226）はアッシジの富裕な商人の子として生まれ、幸福な青年時代を過ごす。しかし戦争で捕虜となり、病に罹りなどしたことを契機に、精神的葛藤の末、祈りと清貧生活に献身すべく決心した。そして、一切の所有を捨てて乞食となり、愛と奉仕と救霊の生活に入る。同時にフランチェスコは「小さい兄弟たち」と呼ばれる同志とともにフランシスコ会を組織し、清貧・貞潔・服従の誓約を守り、教皇インノケンティウス三世によって修道会設立の認可を得た。一二二四年、アルヴェルナ山で聖痕の秘跡を受領する。この出来事はまた「神の像」を体現することを意味した。

セラフィムの形をとって出現なさったキリストは、聖フランチェスコに向かって、崇高な奥義のいくつかを語り告げられた。聖フランチェスコは、生きているあいだ、だれにもついに、それを明かそうとしなかったが、死後にそれを明らかにした。それは後で述べることにする。

それは、次のようなことばであった。「おまえは、わたしが何をなしたかがわかっているか」と、キリストは言われた。「わたしの受難のしるしである聖痕をおまえに与えたのは、おまえにわたしの旗手になってもらうためである。わたしが死んだ日、黄泉のふちにくだって、そこにいた魂をみな、わたしの聖痕の力によって救い出したように、おまえも、毎年、おまえの死んだ日に、煉獄へくだって、そこにいるおまえの三つの修道会の魂をみな、――すなわち、小さな兄弟たち、貧しき姉妹たち、第三会の人たち、そしてまた、おまえに厚い崇拝をささげてきた魂をみな、おまえの聖痕の力によって救い出し、天国の栄光の中へとみちびいてやってもらいたいのだ」。……そこで彼らは、聖人がまちがいなく、手と足と、脇腹とによって十字架上のキリストとまったく同じ似姿にされたことを確信したのだった。[40]

「神の吟遊詩人」フランチェスコは、子供のような快活さ・自由・信心により、「キリストの模倣」という理想をもっとも純粋に実現した霊性の人であった。[41]

ここでは「キリストの模倣」によって、「神の似姿」が完成に向かう点について考えてみよう。フランチェスコの理想と模倣は、「貧しいキリスト」においてその実現が求められた。貧困を通してキリストの姿を模倣し、キリストとの一体化を求めたのである。伝記によれば、フランチェスコは晩年のある日の未明に、庵の前で日の出を待って顔を東のほうへ向け、腕を広げ、手を上げて祈った。「おお、主イエス・キリストよ、死ぬ前に、二つのお恵みをくださるようにお願いします。第一のお恵みは、おお、やさしいイエスよ、あなたが御苦難で耐えぬかれた苦痛を、わたしの心と体でできるだけ感じることです。第二のお恵みは、神の子であるあなたの燃え立つ愛、あなたを駆り立て、わたしたち罪びとのために苦しむようにした大いなる愛を、わたしの胸の中でできるだけ感じることです」と。彼は祈っているあいだに、「神がこの二つの願いをききとどけ、人間としてできるだけ、二つのものを感じることを赦してくれる、という確信をえた。そして彼はこの約束をうけると、キリストの苦難とキリストの無限の喜びとを敬虔に瞑想し始め、信心の炎が激しく彼の胸に燃え上がったので、彼は愛と同情から変えられて、まったくキリストに化した」と伝えられる(42)。

この神秘的な経験と生活から、フランチェスコは「キリストの人間性」、つまり「神の像」を見いだした。ここから有名な「太陽の讃歌」第二節は、「神の似姿」によって太陽を讃えるのである。

我が主よ、汝のすべての被造物のゆえに賛美せられよ。
わけても兄弟なる太陽のゆえに。
彼は「昼」を与え、光をもたらす。

彼は美しく、大いなる輝きをもて照り渡る。
いと高き汝の似姿をもつ[43]。

この「神の似姿」というのは「神の像」にまで高められるが、そのためにはキリストの模倣が不可欠である。それゆえ、「こういうことすべてを、わたしたちが、がまん強く、よろこんで耐え抜くとしたら、ほむべき主キリストの御苦しみを思い、ご自身への愛のゆえに苦しみ、あなどり、恥、不便をよろこんで耐えねばならぬと思い続けるならば、おお、そこにこそ完全なよろこびがある[44]」。

キリストとの一体化は、聖痕の奇跡において具象化しているので、最後にこの点を考察してみよう。そこには、「神さまが御心をもってこの〔セラフィムの〕まぼろしをこのような形でお示しになったのは、聖人が十字架につけられたキリストと同じ形にかえられるのは、肉体の苦しみによってではなく、霊的な燃焼によってであると知らしめるためである[45]」とあり、この奇跡が霊性の力によって起こっていることが告げられる。この「まぼろし」とは、ヒルデガルトが観想した幻視にほかならず、天使セラフィムの出現も同じく『イザヤ書』六章の幻を幻視として用いたものである。こうしてこの節の冒頭に引用した聖痕物語が語られた。

7　ダンテの『神曲』物語

ダンテ（Dante Alighieri, 1265-1321）は、フィレンツェの六人の「行政長官」の一人であった。彼は、宗教的知識と霊的生活とのあいだの緊張関係が深刻化しようとする時代のさ中にあって、なお神学と霊性思想との調和を保つことのできた詩人であった。彼は九歳のとき、ベアトリーチェ・ポルティナーリ（Beatrice Portinari, 1266-90）に恋をし、一二九〇年の彼女の死が大きな空虚を彼のうちに残したという。その数年後、彼は結婚するが、それでも虚脱と憂愁は満たされず、詩集『新生』を書くことになる。そんな中で一三〇一年、フィレンツェで政変に遭遇し、新政権が権力の座に就くと、彼が身を寄せた党派が、ほどなく反対の党派にとって代わられる。このときからダンテの亡命と流浪の生活が始まる。失意の内に執筆した『神曲』は彼の晩年の作品である。一三二一年、再び生地フィレンツェを見ることなく、死去する。

愛は優しい心にはたちまち燃えあがるものですが、
彼も私の美しい肢体ゆえに愛の虜となりました、
愛された以上愛し返すのが愛の定め、

彼が好きでもう我慢のできぬほど愛は私をとらえ、
御覧のように、いまもなお愛は私を捨てません。
愛は私ども二人を一つの死に導きました。(46)

この一節は『神曲』地獄篇におけるパオロとフランチェスカの恋愛を歌ったものであるが、結婚外における至純の愛を説く宮廷的恋愛にも、次の二つの点で霊性思想の芽生えが認められる。第一には、「彼は私の美しい肢体ゆえに愛の虜となりました」とあり、この「虜となる」作用は霊の受容作用から生じる特性にほかならないという点である。第二に、「愛された以上愛し返すのが愛の定め」とあるのは「愛」が本質的には「応答愛」であって、そこに人格的な結合作用があり、これが霊性の機能から起こっていることが示される。だが、その愛もここに歌われているように本来的あり方からの頽落《たいらく》現象となっており、これに対してダンテは、「ああ可哀想な、いかにも優しい相思の情だ、それなのに彼らはそれがもとでこの悲惨な道へ堕ちてしまった」と嘆き、「哀憐の情に打たれ、私は死ぬかと思う間に、気を失い、死体の倒れるごとく、どうと倒れた」(47)と語られる。さらに煉獄篇第二六歌では、グイド・グィニツェルリーというトゥルバドゥールに、「人倫の掟を守らず、獣のように性欲に従った」非を悔いさせ、プロヴァンスの詩人アルナウトに、「過去の狂気の沙汰を思い返しますと心は憂いに重く」なると告白させているところを見れば、[48]ダンテは宮廷的恋愛よりもいっそう高貴な霊的な愛をめざしていたことが知られる。『神曲』にはこうした霊的探求の足跡が刻まれている。『神曲』は当時のロマンス語の一つであるトスカナ語で書かれており、中世の階層的世界秩序を伝えていると言われているように、地獄・煉獄・天国の三重の構成（それぞれ三三曲と一つの序曲を加えて一〇〇の完数を示す）に対応して、欲望による秩序の破壊、愛の清めによる秩序の回復、無私の愛による秩序の賛美が語られており、キリスト教世界秩序における愛の一大讃歌となっている。森に迷い込んだダンテは、人間理性を象徴するウェルギリウスと神的愛の化身であるベアトリーチェに導かれて罪・苦悩・絶望からなる地獄を通り、信仰による罪の清めである煉獄を経て、神の啓示と愛によって人間が生まれ変わる道程を描く。[49]この叙述はボナヴェントゥラの『神に至る魂の道程』と同じく、神秘的な霊性の超越を物語っている。というのも『神曲』は、詩人をその主要部分を成す三つの段階を通じて、聖なる三位一体の直視に向かって歩ませるのであり、彼はそれを三つの輪の組み合わせという形象のもとに表現しているからである。したがって『神曲』は霊的登攀を詳細に述べたものではないが、[50]神への還帰の三つの「道」、つまり浄化（煉獄）・照明（地上楽園）・完成（天国）を暗示する。これらの諸段階を詩人はウェルギリウス、ベアトリーチェ、ベルナールに導かれて、次々に遍歴する。彼が描いているベルナールは現実の姿にかなり近い。[51]ベルナールは、詩人の目には神秘神学を象徴する存在であった。ダンテを旅の終局目標に導くにあたって、ウェルギリウスの理性だけではもはや充分ではなく、観想という新しい種類の霊的な体験が必要であり、クレルヴォーの修道院長が体現しているのはまさにこの霊性にほかならなかったのである。

したがって煉獄篇第三三歌において再会したベアトリーチェは、「十字架におもむくわが子を見守るマリアのように変わった」とあって、いっそう気高い姿に高まっていくが、それでも「その頬には火のような紅がさしていた」とあるように『新生』の恋愛体験もいまだ息づいている。さらに煉獄から天国に入ると、人間の観念の極限を超えて、心は高まっていく。そして、その心を動かすのも愛にほかならない。この点をわたしたちは『神曲』の最終歌から学ぶことができる。

8　ベギンの「ミンネ」物語

ベギンとは、ベルギーの歴史家L・M・フィリペンの『ベギナージュ』[52]（一九一八年）によれば、南ネーデルラントに起こったベギン運動に参加した女性たちを指す。この運動の展開は、次の四段階に分けられている[53]。まず第一段階は、個人のイニシアティヴによって始まる自然発生的な運動であり、ベギンは修道誓願をしないまま俗世にとどまり、両親の家などにおいて一人で生活した。彼女らは家も仕事も財産も放棄せず、結婚の可能性も断念したわけではない。第二段階になると司祭とベギンの指導者のもとに小さな共同体が形成され、共通の霊的経験のために規律を守る女性の宗教的集団という性格が強められた。第三段階では、彼女らは塀に囲まれたベギナージュで、俗世から隔離されて住み、修道女のような聖職者ではないが、独立した身分が認められる。第四段階では、ベギナージュが十分に広められると、いわば「半修道女」である彼女らの組織には世俗的・宗教的な法人格を与えられて、ベルギーに特徴的な独立した「ベギン小教区」を造ることが許可された。(54)

この時代には、フランスでトゥルバドゥールの運動が起こったのと同じように、ドイツでは貴族や騎士階級出身のミンネジンガーが一二―一三世紀にかけてドイツの宮廷で活躍し、自ら作詩、作曲、伴奏をして高貴な婦人に捧げるミンネ（愛）を歌った。この歌のテーマは時代とともに広がり、神にまで適用された。その影響を、わたしたちはブラバンドにおけるベギン運動の女性神秘主義者の中に見いだすことができる。

その中でマクデブルクのメヒティルト（Mechthild, Mechildis, 1207-82頃）を取り上げてみよう。彼女はドイツのマクデブルク大司教区西ミッテルマルクの貴族の家系に生まれ、宮廷風の教育を受けたが、幼い頃より顕著な霊感の持ち主であり、しばしば幻視を体験した。一二歳で聖霊の訪《おとな》いを受ける体験をもち、一二三〇年、神の呼びかけに応えて両親の家を離れ、マクデブルクのベギン共同体で禁欲生活に入った。後に一二七〇年、シトー会のヘルフタ修道院の一員となって、亡くなるまで約一〇年間をここで過ごす。彼女が一二歳のときから受けてきた神秘的恩寵を低地ドイツ語で語ったのが、『神性の流れる光』(Das fliessende Licht der Gottheit) である。[55] 彼女の教養は広く、聖書やディオニュシオス・アレオパギテース、また新プラトン主義的な光の形而上学の諸説を修得して、自己の神秘思想を形成した。

この著作『神性の流れる光』では、詩と散文の短篇が替わる代わるにあらわれる形で神秘体験が語られ、神と魂、Dame Ame (魂夫人) と Dame Amour (愛夫人) との対話がアレゴリカルな形象のもとに交わされる。そして、神秘的な脱自体験のさ中に神との合一が語られる。しかし同時に、キリストや三位一体や地獄などのキリスト教の教義が説かれ、聖務日課や聖体拝領の心得も記される。その中心は、神の賜物としての愛と、神に恋い焦がれる魂の愛であって、花嫁−神秘主義にもとづく霊性思想が説き明かされる。「彼女の魂の青春は神の人性の花嫁であった。だが老年は神の神性の妻である」[56] とあるように、その著作には魂と神との相聞歌ないしは愛の対話が展開する。それは旧約聖書の『雅歌』やミンネザング (Minnesang) に発する霊的な愛の抒情詩となっている。

メヒティルトはその思想を、神から直接啓示された知として自由に、かつ直観的に、自分に授けられた幻視そのものと一体化し、豊かな詩的表現へと結晶させた。彼女の花嫁−神秘主義の特質は、ミンネを神として対話的に語るところにある。その冒頭には次のような対話が交わされる。

魂がミンネ〔つまり、神〕のもとに来て、恭しく挨拶して言った。「ミンネさま、今日は、ご機嫌はいかがですか」。

ミンネ「王妃よ、あなたもいかがですか、お恵みがありますように」。

魂「ミンネさま、あなたのような完全な方にお会いして嬉しく存じます」。

ミンネ「王妃よ、わたしはすべてのものを支配しているのです」。

魂「ミンネさま、聖なる三位一体がせかされて、慎ましい処女マリアの胎内に流れ込むまで、あなたは長い年月お苦しみになりました」。

ミンネ「王妃よ、それこそあなたの栄誉と喜びです」。

魂「ミンネさま、あなたはわたしのもとへ来て、わたしがこの地上で得たすべてのものをわたしから奪ってしまったのです」。

ミンネ「王妃よ、あなたは幸福な交換をしたのです[57]」。

これがベギンの代表者の一人、マクデブルクのメヒティルトが記した「ミンネと王妃との対話」である。ミンネはドイツ語の「愛」であるが、ここに愛なる神との霊的な合一が物語られる、花婿と花嫁との対話が続く。「神は、〈あなたはすべてを捨てなさい〉と言った。魂は、〈主よ、どうしてそんなことができましょうか〉と言った。神は、〈魂よ、あなたはわたしのうちへ本性的に造られ〔一致し〕ているから、わたしとあなたの間にはいかなるものも入らない。……それゆえ、あなたから畏れや恥ずかしさ、いっさいの外的な徳を脱ぎ捨てなさい〉と言った。そこに、二人の意志により、至福の静けさが訪れる。神はご自身を魂に与え、魂は神に自己を捧げる」[58]。ここでは身体の合一を思わせる写実的描写で対話が交わされる。[59]こうして魂は神と合一し、すべての畏怖、羞恥心、外的な徳を放棄し、隣人に向かって献身的に奉仕する愛の任務を実践するようになる。

9　ジェルソンの『薔薇物語』批判

ジャン・ジェルソン（Jean Gerson, 1363-1429）は、アルデンヌ地方のジェルソン・レ・バルビに生まれ、一三七七年にパリ大学に入学、一三八一年、学芸学部を卒業、一三九二年には神学部の教授資格を獲得し、ピエール・ダイイの後継者としてパリ大学総長に就任、死ぬまでその職にあった。ジェルソンは、コンスタンツ公会議（一四一四―一八年）でフスを断罪し、ジャンヌ・ダルクを擁護し、教会の改革と道徳的刷新とを提案して、この時代に大きな影響を与えた。しかし、それでもその本質においては神秘主義的な霊性の思想家であった。ジェルソンは、フランドル地方に始まった共同生活兄弟会の「新しい敬虔」（devotio moderna）の運動を擁護することによって極端な神秘主義と絶縁し、異端に迷い込む危険を回避した。つまり正統信仰を堅持して、教会に従順であったのである。[60]したがってジェルソンはこの会の擁護者となったが、フランスにおけるこの会の運動には批判的であった。ヨハン・ホイジンガは、このようなジェルソンの精神的な特質について次のように語っている。「ジェルソンは、用心深く細心な学者肌の、誠実で純粋、善意の人であった。……彼は生まれながらの心理学者であり、様式感覚がそなわっていた。様式感覚と正統信仰とは、密接な関連に立っている。だから、この時代、信心ぶかい生活といわれたいくつかの例が、彼に疑惑と憂慮の念をいだかせたというのも、別に不思議はない[61]」。

ジェルソンは、繊細な精神のゆえに神秘主義の傾向を生来もってはいても、醒めた精神の持ち主であり、迷妄に囚われない自由な精神であった。このことは神秘主義の理解においても示されており、官能的な愛欲生活を謳歌した『薔薇物語』に対する激烈な批判に、それはとくに顕著に示されている[62]。

『薔薇物語』は、赤裸々な官能性とシニックな嘲笑をもって結婚や修道生活を謳歌する。そこには一二世紀に由来する宮廷風の愛が物語られてはいても、その内実は女性崇拝どころか、女性の弱さへの冷酷な軽蔑へと堕落していた。ここでは愛が官能的な性格となってあらわれる。この作品は、人々の心を性愛の神秘主義によって満たしたのであった。この時代の道徳的腐敗に対して闘い続けたジェルソンは、これを批判する論文を書き、時代の最深の病根を剔出《てきしゅつ》した。こうした『薔薇物語』に対する批判的観点から、彼の学問的な著作、『神秘神学』がもっている真の意味が明らかになると思われる。

ジェルソンは、『神秘神学』によってドイツ神秘主義とは異なる神秘思想を発展させた[63]。そこでは見神（visio Dei）や、超越的な実在と神に対する知的な観想（contemplatio Dei）が退けられ、世界に向けられた「神の意志との一致」（conformitas voluntatis Dei）が主張される。神の意志と出会い、それと人間の意志とが一致することによって、「神秘的合一」（unio mystica）がめざされた。したがって「旅する人」（homo viator）に可能な最高の真理は、神が決定したことについての知識、つまり啓示であって、それは教会と聖書の権威に依存する信仰の知識であった。そこから人格的で主体的な意志と愛とが問題となった。『神秘神学』では、神との霊的な合一について次のように言われる。

> 神が霊であり、類似が合一の原因であるがゆえに、清められ洗われた理性的な霊がどうして神の霊と合一するかは明らかである。なぜなら、神に似たものにされることは確かであるから[64]。

ジェルソンはその神秘神学を思弁神学と対比し、それを愛の合一する力によって起こる「実験的な神の認識」であると規定した。すなわち「神秘神学とは愛の結合する抱擁によって達成された、神についての実験的な認識である[65]」と。したがって、意志の合致によって神と一つの霊となる神秘的な合一が実現する。ここからジェルソンの基本的な主張は次の三点に要約することができる。

1　神と人との結合の作用は愛に求められる。ジェルソンは言う。「愛は火と同じく同種の者を集合させ合一させる自然本性をもっている[66]」と。「それゆえ、わたしたちの霊がもっとも親しみのある愛によって神に寄りすがるとき、意志の合致によって神と一つの霊となる（『Iコリント書』六章一七節[67]）」と。したがって、愛によって神との一致に向かう霊は、その脱自の作用によって神の霊との合一に至る。とはいえ、この神との神秘的な合一は、あくまで人格的な意志における一致にもとづくのであって、実体的な合一にもとづく、いわゆる「神化」ではない。

2　ジェルソンは、この実体的な合一説と対決して、実体的な合一を主張する説は「精神と神との愛にもとづく（amorosa）合一は変容（transformatio）と適切にも呼ばれる」とし、「合一（unio）を「変容」もしくは「改造」として説いた。したがって、この変化はあくまでも人間の側における生き方の変化であって、本来的な秩序に帰ることをめざし、「合一」といっても神・霊・身体のあいだに起こっている上位による下位の秩序づけを意味する[68]。

3　神との合一の前提条件として、ジェルソンは道徳的清めを浄罪の道において求め、神秘的合一に至る前に精神が浄化される必要を説いた。『神秘神学』の中で彼は、精神の新生をめざしてその途上にある悔悛者に対し、「花婿に抱擁されるため、安心して彼の内に飛び込みなさい」と呼びかける[69]。

ジェルソンは、神と人との神秘的な合一の根拠として愛や「類似性」を説いている。そこに彼の神秘的な霊性思想の基本的な特質が鮮明に示される。

第四章　ルネサンスと宗教改革

はじめに

近世に向かう頃から、とくに一四世紀のオッカム主義の影響によって神と人との自由な人格的な関係が強く意識されるようになり、神に対して直接対面する信仰が起こる。そして、そこから義認問題が神学思想の中心となった。人間の主体性の自覚が中世後期の民衆運動と「新しい敬虔」（devotio moderna）の運動を生み出し、何によって人は罪より救われ、義とされるかということに重大な関心が寄せられた。そこには個人において増大する罪責感情に発する苦痛や苦悩からの解放のみならず、抑圧的な教権による階層的支配体制からの脱却への願望が認められる。

霊性的な観点から見れば、エラスムスとルターのあいだには相違点よりも類似点のほうが大きいと言えよう。人文主義者と宗教改革者のあいだには自由意志をめぐって展開した論争を見るかぎり、対決点だけが前面にあらわれ出ているが、思想の背景に潜んでいる霊性の面では次のような共通点が明らかである。

1　エラスムスとルターはともに「新しい敬虔」によって教育を受け、その土壌に培われて輩出してきた。そこには新しい霊性の類型が認められる。一方、エラスムスが儀式を退けて、「それがキリストとなんの関係があるか」と追求したとき、他方、ルターは「いかにして恵みの神を見いだすことができるか」と真剣に問うた。ここには一つの新しい敬虔の類型が認められる。それは神とのあいだに置かれていた儀式のような中世的な媒介をことごとく排除して、直接神との人格的な関係を求める態度である。彼らはともに教会が授けたサクラメント的な救済方法に疑念を懐き、それと批判的に対決し、信仰によって神に、愛によって他者に奉仕する敬虔の型を創出した。

2　次の共通点は、両者が人間学的な三分法に立って神学思想を展開させたことに明らかである。「霊性」という言葉はラテン語の「霊」（spiritus）に由来しているが、これは旧約聖書『創世記』の巻頭に「神の霊が水の面を動いていた」とあるように、「霊」は「息」や「風」といった自然力を表していた。だが、もっと古い資料である『創世記』二章では、「主なる神は、土（アダマ）の塵《ちり》で人（アダム）を形づくり、その鼻に命の息を吹き入れられた。人はこうして生きる者となった」（二章七節）と物語られているように、この霊は「人間を生かす力」を意味する。ところが霊は、ギリシア思想で説かれた精神と身体の二元論とはまったく相違していることから、霊は精神とは相違するものと考えられた。こうしてキリスト教においては、「霊・魂・身体」（spiritus, anima, corpus）という人間学的な三区分が一般に説かれるようになり（『Ｉテサロニケ書』五章二三節）、心の認識作用としては「霊性・理性・感性」が同じ魂における三つの作用として説かれた。エラスムスが初期の神学的代表作『エンキリディオン』で、この視点を確立しているが、ルターもその著作で同じ思想を表現している。

3　両者とも聖書の研究者であり、エラスムスはかの有名な『ギリシア・ラテン対訳新約聖書』を完成させ、キリスト教人文学の完成者でもあった。またルターも、この聖書を使って次々と聖書解釈を試み、宗教改革の基礎を築いていった。「エラスムスが卵を産んで、ルターがこれを孵した」と当時から言われている実相がここに認められる。なかでもルターの思想の核心に当たる「悔い改め」の概念が、この聖書ラテン訳に由来することはあまりにもよく知られている。

ところが平和主義者エラスムスは、ルターの過激な行動の中に常軌を逸したこの時代に特有な狂気を見いだし、激しく対決する姿勢をとった。ここから相互に相反する思想が生まれてきたが、実は根底にある霊性の共通性のゆえにかえって対立が激化したと言えよう。

1　エラスムスの「痴愚神」物語

一六世紀最大の人文主義者エラスムス（Desiderius Erasmus, 1466-1536）は、その最高傑作である『痴愚神礼讃』において、人々が痴愚と思っていることこそ実際には本当の知恵であることを見事に指摘する。痴愚神の第一声は次のようである。

至るところで人間どもがわたしのことをどのように語っているか、わたしは知らないわけではございません。とはいえ、ひどく愚かな人たちのあいだでも、またどんなに悪口を言っているか痴愚女神は聞いていますよ。そうはいっても、神々や人間が晴れやかにしていられるのは、このわたし、このわたしだけのおかげだと、わたしは言います。その有力な証拠は実に沢山あります[1]。

この痴愚は人々や神々を支配し、その父親はお金であり、乳母は陶酔と無知、侍女たちは自己愛、お世辞、忘却、怠惰、逸楽、無思慮、放埒なのである。これらの忠実な協力者たちによって、彼女は全世界をその手中に収める。すべてのことが彼女のおかげだということを、痴愚神は事細かに説明する。たとえば戦争、国家、友情、愛、すべてが彼女から生まれる。それに加えて彼女は多面体であり、貴族の狩猟の愚かさ、ご婦人方の虚栄やお世辞、若者の人生経験の不十分さ、老人の子供じみていること、楽しい食事のときの陽気な冗談も、彼女なしには考えられない。

そこには「健康な痴愚」もあって、エラスムスは人生がお芝居であり、人生喜劇の仮面を剝ぐ者は追い出されるという。

役者が舞台に出てきて、その役を演じていますときに、だれかが役者の被っていた仮面をむしり取って、その素顔をお客さんたちに見せようとしますよ。こんなことをする男はお芝居全体をめちゃめちゃにすることにはならないでしょうか。また、こういう乱暴者は、石を投げられ劇場から追い出されるのが当然ではありますまいか。……幻想が破り去られてしまうと、お芝居全体がひっくりかえされます。いろいろな扮装や化粧こそが、まさに、わたしたちの目をくらましていたからです。人生にしても同じこと、めいめいが仮面を被って、舞台監督に舞台から引っこませられるまでは自分の役割を演じているお芝居以外のなにものでしょうか。そのうち舞台監督は、同じ役者に、じつにいろいろ雑多な役をやらせますから、王様の緋の衣をまとった人間が奴隷のぼろを着て、また出てまいりますね。あらゆる場合が、要するに仮装だけなのでして、人生というお芝居も、これと違った演じられかたはいたしませんよ[2]。

エラスムスは、この人生劇場の多種多様な姿の中に、痴愚は愚者の役を演じなければならないことが必要であることを説いていく。また、痴愚の妹分たる「自惚れ」が人間の行動を推進する力になっていることも説く。「自惚れという人生の塩を除き去ってごらんなさい。演説家は弁舌をふるっているうちに熱がさめてきますし、音楽家の奏でる調べは退屈になってきますし、役者の演技はやじり倒されます。……他人の喝采を博したいなら、めいめいがいい気になって自惚れ、自分がまっ先になって自分に喝采を送ることが肝心要、どうしても必要なことなのですよ[3]」。このような痴愚女神に支配されるのは不幸であると哲学者は言うが、それに対して、誤まるのは「人間らしい人間」であり、「あるがままの人間でいて不幸なことはなにもありますまい。……なぜなら、痴愚は人間の本性にぴったり合っているからですよ[4]」とエラスムスは諭す。

エラスムスは古代思想の復興者であり、時代の狂気を敏感に感じ取って、悪魔との闘争に入っていった[5]。その姿は『痴愚神礼讃』では文学的な仕方で見事に描かれている。その中でも、「宗教的な痴愚」は常識を超越するという痴愚の真理を語る。これは痴愚狂気の擬態として、隠された形におけるキリスト教の弁護となる。エラスムスはこの作品の末尾で、痴愚神が「われを忘れて」、エラスム自身の本心を直接語る場面を描く。この部分を当時の人々はまじめに受け取らなかったが、そこでは時代の危険な狂気に対して、キリストを信じる者に固有の「超越的な狂気」が対置されている。「キリスト教徒たちが、多くの試練を受けつつも追い求めている幸福は、一種の錯乱狂気にほかなりません。こんなことばをこわがらないでくださいよ。それよりか、事実そのものを十分考えてみてください[6]」。

このように語ってから、魂が肉体の絆を断ち切って自由になろうとする「狂気痴愚」について語り、そこにプラトンの洞穴から出た人の狂乱が囚人たちに嘲笑されるように、敬虔な人間の宗教的狂気について次のように言われる。

事実、恋に熱狂した人間は、もはや自分のうちにではなく、自分の愛しているもののうちに心身をあげて生きています。この相手のなかへ溶けこむために自分から出れば出るほど、当人は幸福を感じます。……それに霊（spiritus）は無限に強い力を持っているあの至高の精神（mens）のなかに吸収されてしまうでしょう。このようにして人間全体が自分自身の外に出てしまい、もはや自分が自分でなくなること、いっさいを自分に引き寄せる至高の善に従うこと以外には、幸福はないということになります。……そしてこれこそ、この世からあの世へ移っても取り去られることなく、かえって完璧なものとなる、あの痴愚狂気というものです[7]。

このテクストにある「霊（spiritus）は無限に強い力を持っているあの至高の精神（mens）のなかに吸収されてしまうでしょう」という言葉には、霊性が有している、神との合一の機能が明らかに提示される。この作品は最後に至って、エラスムスの本心をこのように吐露しているが、不幸なことに当時の人々にはまったく気づかれなかった。神との霊的な合一は至福な状態であっても、この世ではただ先触れとして、ごくわずかの雫、薄明かり、いくばくかの香気として体験され、「これを感じる人は何か狂気のようなものがその人を襲っている」と言う。その一方でエラスムスは、『キリスト教君主の教育』『平和の訴え』、また『格言集』を著し、「戦争は体験しない者には快い」と記して時代の狂気と対決する姿勢を鮮明に訴え続けた。

2　ルターの「神とサタンとの闘争」物語

宗教改革時代のドイツの画家、アルブレヒト・デューラーの「騎士と死と悪魔」に描かれた悪魔が真に貧弱でみすぼらしい姿をしているのに、ルターと同時代のグリューネヴァルトの悪魔は激しくキリストに襲いかかっている。これとまったく同じく、ルターも人間が神や悪魔によって攻撃を受け、その支配下に置かれて受け身となっている姿を捉えていた。ルターは『奴隷意志論』

で次のようにこの点をはっきりと提示する。

人間の意志は〔神とサタンの〕両者の間にいわば荷役獣のように置かれている。もし神が占拠するなら、それは神が欲するところへ欲し、かつ、行くのである。……もしサタンが占拠すれば、サタンが欲するところへ欲し、かつ、行くのである。いずれの騎乗者のところに馳せ、彼を獲得するかは自分の選択力にはない。むしろ騎乗者たちの方が、いずれがこれを捉え、所有するかとせり合っている。(8)

プラトンがその著作『パイドロス』で描いた騎乗者は魂であって、馬である身体を御しているのとまったく正反対に、ルターでは神やサタンのほうが騎士や騎乗者であり、人間のほうが馬なのである。そして、神とサタンという人間の権能を超えた実在が争い合って、人間の心にその支配権を確立しようと闘っている。こうした力は人間の理解を超えた実在であって、形而上学的対象である。だが、神とサタンとの対決について、ルターはマニ教徒のように形而上学的な思弁をもてあそんでいるのではない。彼にとって二元的に対立する世界は、生ける現実の経験からえたものである。人間は、神とサタンとのいずれかの支配に服している存在であって、いずれにつくかを決定できる自由を人間はもっていない。この宿命的とも見える二元論的思想を支えているものは、人間の良心の現実と歴史の世界である。良心は神とサタンとが覇権を確立しようと抗争する戦場である。元来、良心は繊細な感受性をもっているので、自己に働きかける力の影響を受けやすく、それによって圧倒される傾向がある。神の恩恵のもとに立つと、良心は慰められ喜ばしいものとなり、サタンのもとに立つと良心自身が一つの悪魔と化し、自己を激しく告発し、地獄を造りだす。この後の状態がルターの言う「悪魔の試練」であり、彼はこうしたサタンや悪魔の化身が現実の世界に跳梁《ちょうりょう》するのを見てとっていた。そうであるがゆえに、悪霊に憑かれた人たちの行動にプロテストし、たとえば教皇に対して「アンチ・クリスト」なる激烈な表現をもって反撃に転じたのである。

ルターが鋭敏な良心の人であったことは、青年時代から「試練と葛藤」に巻き込まれていたことからも明らかである。彼は言う。「そこでわたしは、〈お前のほかには誰もそのような試練と葛藤（tentatio und Anfechtung）をもっていないのだ〉と考えた。そのときわたしは死骸のようになった。このようにわたしが悲嘆に打ち沈んでいたので、ついにシュタウピッツ博士が食事のとき、わたしのところにきて語った。〈兄弟マルティンよ、あなたはどうしてそんなに悲嘆するのか〉と」(9)。

これは、ルターとその師シュタウピッツとの会話の一節である。その中には憂愁と悲嘆にくれたルターの姿が示されており、こうした情念に圧倒されていたルターが、シュタウピッツに救いを求めたのであった。ルターによると、この種の悲嘆は「戦慄する恐ろしい想念」であって、『ガラテヤ書講解』には、「わたしは修道士の境遇にいっそう深く入っていって、狂気・妄想・精神錯乱にいたるまでになった[10]」と記されている。

このような憂愁と悲嘆が過度に高まると、悪魔との闘争が始まる。ルターにとって悪魔は「憂愁の霊」(Geist der Schwermut) と言われるように、憂愁と悲嘆の淵に人を沈めると説かれた。人間が犯した小さな罪から途方もなく大きな地獄を造りだし、憂愁と悲嘆の淵に人を沈めると説かれた。こうして絶望へと人間を追いやるのが悪魔的試練である。「悪魔は罪を法外に大きくしうる能力をもっているので、試練に会った人が苦闘して、神の怒りと絶望のほか何も感じないようになるまで、その攻撃にまったく屈服してしまうと考えるように悪魔に影響されてはならない。ここでは自分の気分に決して従ってはいけない[11]」。したがって、「悪魔は困窮せる良心を過度の悲嘆によって死に至らせようとする[12]」のである。

ルターにとって悪魔は、人間の外部から人間の心を襲撃し、絶望に駆り立てる生ける力であり、良心を「過度の悲嘆」で死に至らせ、さらにキリストの姿に変装して、神からの救いと慰めを奪い去り、罪を過大視した良心を苦悩の底に沈める。こうして憂愁の試練においては、良心は孤独のうちに呻いており、もはや言葉に表し得ない実存の問いそのものとなる。この憂愁の試練は人間を破滅させる恐ろしいものであって、それ自体で何らかの意義をもっているのではない。悪魔の攻撃によって破滅に瀕している人は、もはや自分の力では立てないのだが、この経験を通して、ただ神の恩恵に対する信仰によってのみ生きるとの自覚に到達できる。こうした信仰のゆえに試練にも意義が発生する。「人間が今やこのように破滅し、人間のすべての力、業、存在において無となり、一人の悲惨な、呪われた、棄てられた罪人にほかならなくなるとき、神の援けと力とが到来する(13)」。

それゆえ試練のただ中において、人は恵みの神と出会うことが可能となる。試練にあって初めて、神に対する受け身的な態度をもつことができる。それは神の本性と密接に関係している。神は創造の神であるがゆえに、無から有を創造する。したがって神と人間との関係は、神がすべてを授け、人間は信仰によってすべてを受け取る、授受の関係であることが知られる。実際、無とされ破滅した「心は神に何も与えず、ただ神から受け取るだけである。神がまことに神となるために、神はそのような関係をもとうとされる。なぜなら、神にふさわしいことは受け取るのではなく授与することであるから(14)」。ここに霊性の受容作用が語られる。それゆえ憂愁の試練に陥った人はキリストを信仰によって捉え、試練に耐えるだけではなく、同時に彼はキリストとの共同の交わりにとどまることによって孤独な生活から離れることができる。ここには神とサタンとが共演するドラマが展開するのである。

第五章　近代文学における霊性物語

はじめに

エラスムスやルターといった宗教改革者たちは、直接にはその神学によって、間接には彼らが造り出した新しい社会形態によって、一七世紀の新しい思想を準備し、ヨーロッパ世界に革新と変革の道を拓いた。一六世紀は政治的に見ても、軍事的な出来事に満ちた時代であり、ハプスブルク家のカール五世とフランス王フランソワ一世との二大勢力は拮抗し合い、激しい戦闘をくり返した。これに加えてローマ教皇と教皇庁は、教会国家の支配者を自任し、ヨーロッパ二大勢力の抗争のあいだに割って入り、政治的に画策した。その一方、都市は資本の集中によって経済的に強力となり、文化的に繁栄する時代を準備していた。そのため、ヨーロッパ諸国は王侯のもとに次第に繁栄し、その強力な王権と専制によって「絶対主義国家」と一般に呼ばれる。この新しい政治形態には、中央集権の強大化、国民単位の政治、国家主義という三つの特質が見られる。こうしてオーストリアのハプスブルク家、イスパニアのフィリップ二世の植民地帝国、独立を謳歌し海外貿易で富を得るオランダ、ブルボン王朝のフランス、大英帝国のイギリス、フリードリッヒ大王のプロイセン、ロマノフ王家のロシア帝国がそれぞれ栄えた。実際、中世のもっとも壮麗な建築といえば大聖堂だけであったのに、近代になると王宮が次第にそれに替わっていった。

一六世紀の宗教改革の時代は、トレルチによれば古プロテスタントの時代として近代の啓蒙主義とは一線を劃される。[1] とりわけ一七世紀の中葉には、これまでの歴史とのあいだに大きな裂け目が生じ、社会秩序が制度的な宗教、つまり実定的な宗教の影響のもとに規定されていた時代が終焉する。それこそ「キリスト教共同体」(corpus christianum)の終焉であって、キリスト教的な中世全体の終わりを意味した。[2]

シェイクスピア(William Shakespeare,1564-1616)が活躍した時代はこの「キリスト教共同体」が終わる以前であって、ルネサンスの影響は強かったが、いまだキリスト教の精神が生きていた時代である。この近代初期の時代は、宗教改革者ルターに始まりルネサンスの大文豪シェイクスピアをもって終わったと言えよう。実際、ルターは悪魔に向かってインク瓶を投げつけたほど生き生きと悪魔を感じていた。だが、近代が進むにつれてこの悪魔は悪の概念とともに大きく変化していった。シェイクスピアの悲劇作品に登場する人物たちは、恐ろしい悪行に転落していくが、彼ら自身は悪人ではないのに、悪魔の超越的な力に負けて、その虜となっている。その闘いはルターが強調したように人間の心で、超越的な作用を感受する心である霊性の場において起こったのである。そこには神とサタンとの死闘が演じられているものと考えられた。この世紀には魔術からの解放も進んではいたが、いまだ魔術信仰と悪魔信仰とは衰退することなく生き続けていた。

シェイクスピアが活躍した時代はエリザベス朝時代であり、エリザベス女王の賢明な施策によって政治的に平和が確立され、宗教的にも国教会が強固になり、経済や貿易や軍事においても繁栄した。このようなエリザベス王朝を庶民が歓迎したことは、シェイクスピアの作品にもあらわれている。実際、庶民の経済的で社会的な生活は王の力量に左右されることが大きかったのではないであろうか。当時は一般に王権は神聖なものと考えられていた。民衆は王に対し畏怖の念を懐いており、これによって社会はその秩序を維持していた。古代社会において典型的に生じたように、どの社会もまわりの世界との関係を円滑にしようと努めるとき、社会的な秩序は通例、特権を与えられた人物が、すなわち人間たちの最高者であると同時に神々の最下位者として崇められた国王が、神化されることによって行われた。したがって国王は死すべきものたちの領域と不死なるものたちの領域とを繫ぐ鎖であったと言えよう。

バビロン神話のマルドゥクはバビロン市の守護神にして同時に太陽神であり、中世社会では司教たちの統治によって神権政治が敷かれ、それによって社会の規律が守られ、平和が促進された。近代では、フランス革命以前にはルイ一四世が自らを太陽王と呼ぶほどに、近代の政治史はその大部分にわたって、教権の衰退と国家権力の増大の歴史である。一六世紀のイギリス史、一七世紀のフランス史において、国王は封建勢力を抑えて権力を集中させようと企てた。その際、王権神授説はその時代の封建的な諸勢力を抑えるために説かれ始めた新たな理念であった。新興市民階級と協力して、君主は無制限の権力を自己に集中させ、絶対主義体制を確立したが、それは権利の平等や機能的な国家組織を遺産として民主主義に残すことになった。ところが現実の王たちを見ると彼らは暗愚であり、多くの不幸を社会にもたらした。彼らは悪魔に振り回されたり、その餌食となって破滅したりする。そこで、悪魔と闘った王子や王の物語をここでは取り上げてみよう。

1　シェイクスピアの「亡霊」物語

シェイクスピアの作品には、さまざまな姿をとって霊たちがしばしば登場するが、悪魔そのものは姿をみせない。たとえば霊は、ときには『マクベス』の魔女のように邪悪であったり、殺害された善良なダンカンの亡霊であったり、『ハムレット』の父親のように亡霊となってハムレットに復讐を誓わせたり、『夏の夜の夢』に出没する愛らしい妖精であったり、またときには『ウィンザーの陽気な女房たち』の偽妖精たちのように滑稽であったりする。だが、シェイクスピアはデーモン的な霊よりはデーモン的な人間を描こうと意図していたと言える。最悪なのは『リチャード三世』のリチャード王、『オセロー』のイアーゴー、『マクベス』のマクベス夫人、『リア王』のゴネリル、エドマンド、リーガンのような、悪魔に取り憑かれた人間たちである。したがって、「この時代の悪は霊の形であらわれるよりも人間の姿をとっているほうが説得力をもつことを、この大戯曲作家は本能的に感じていた(3)」とも言われる。

そこで彼の悲劇の中でもっとも有名な『ハムレット』の亡霊について考えてみよう。この作品は、その筋だけを見ると当時流行した仇討ちの流血劇で、さまざまな困難を乗り越えて最後に敵を討つが、同時に自分も滅びるという陳腐なものにすぎない。問題はその運命の困難さであって、それは外的な障害であるよりも、ハムレット自身の内部に潜んでいる。そこにハムレットの優柔不断な性格とその謎、さらに魅力があって、解釈はさまざまになされる。外的な障害としては、悲劇『ロメオとジュリエット』のようによく知られた家族間の衝突はあるが、それは『ハムレット』にはない。第一幕で、ハムレットは殺害された父の亡霊からその死因が叔父と母の計略によるものであるという事実を告げられる。だが、この亡霊がハムレットの父の霊なのかどうかは定かではない。結果的には多くの人の命が失われ、ハムレット自身も死を迎える悲劇であるがゆえに、悪魔ではないかとの疑念も払拭できない。亡霊の口から生まれた疑惑が、優柔不断なハムレットを悩まし続けることになる。ハムレットは、亡霊に対して叔父を殺害すると、復讐を誓ってしまう。道徳的で内向的なハムレットは、日夜狂気を装い、懐疑の憂悶に悩みながらも復讐を遂げようとする。

ハムレットは王位の継承者として旧来の伝統文化を受け継がねばならない。したがって自由に生き、恋愛もしたいと願っても、叔父のクローディアス王を殺害するという重い使命のために望みを放棄せざるをえない。レアティーズは妹のオフィーリアに言う。「殿下はご身分が高い、あの方の心はご自分のものではないのだ。あの方の身分にしたがわなければならないのだ」と。オフィーリアの独白にも、「お国の華とも希望とも仰がれておいであそばしたのに、流行のかがみ、礼節の手本とたたえられ、あらゆる人の賞賛の的になっていらしたのに、みんな、みんなもうおしまい」と語られる。この賞賛の的になっている王子ハムレットが、亡霊の命令に従おうとすると、悪魔が彼の中に侵入してきて、殺人を企むようにする。悪魔は彼を唆《そそのか》し、愛するオフィーリアを狂気と自殺へと追いやる。ハムレットは、彼女の父でお節介なポローニアスをクローディアス王と間違えて剣の一撃で倒す。さらに叔父が罪を悔いて祈っているのを見て、祈禱中に殺害されると救われるのではないかとの疑惑を感じて、殺害するのをやめてしまう。最後に妹のオフィーリアの仇を討とうとするレアティーズと闘って、ハムレットは死を迎える。こうした結末を見れば、亡霊の実体が悪魔であることは明瞭である。しかしシェイクスピアは、このことを明らかにせず、曖昧にすることによってハムレットを疑惑の深淵に突き落とすのである。疑惑は彼を次第に蝕んでいって、絶望の深淵に投げ込むのである。

生きる、死ぬ、それが問題だ（To be or not to be, that is the question.)。どちらが貴いのだろう、残酷な運命の矢弾をじっとしのぶのか、あるいは寄せくる苦難の海に敢然と立ち向かって、戦ってその根を断ち切るか。死ぬ――眠る――それだけのことだ、しかも眠ってしまえば、みんなおしまいではないか、おれたちの心の悩みも、この肉体につきまとう数知れぬ苦しみも。だとすれば、それこそ願ってもない人生の終局ではないか、死ぬ――眠る――眠る！　夢を見るかもしれない、そうか、ここでつかえるのだな。……誰がこんな重荷をしのぶものか、短剣のただひと突きで、この世からのがれ出ることができるのに？　生活の苦しみに打ちひしがれ、汗にまみれてうめきながらも、ただ死後にある不安、いったんその境を越えて行った旅人がまだひとりも戻ってきたためしのない、あの未知の国への不安があればこそ、おれたちの決心がにぶるのだ。この世を去って知らぬ禍いを求めるよりは、とどまって現在の苦しみを堪えしのばせるのだ。こうして分別〔良心〕がおれたちを臆病者にしてしまう。赤く燃えあがる、おれたちの生まれついた決断力が蒼白い、憂鬱な心の壁土で塗り

たくられてしまうのだ、そして乾坤一擲《けんこんいってき》の大事業も、そのために横道にはずれ、実行の力を失ってしまう。(4)

このよく知られた独白の台詞を読めば、ハムレットが疑惑地獄に転落しているのが判明する。ギリシア悲劇オレステイア三部作も同様な主題を追求していた。だが、父親を殺害されたオレステスには殺害の主犯である母への復讐に際して、このような内心の苦悩はなかった。『ハムレット』では母は共犯者ではない。叔父の犯行が疑われても確たる証拠がない上に、殺害に伴う「分別」と訳された「良心」の警告が決断を鈍らせてしまう。この内面にこそ最大の障害があると言えよう。そこにデンマーク王子ハムレットの北国的に憂愁な性格が加わり、疑惑地獄という絶望の深淵に彼は転落していく。こうして生と死の狭間に宙ぶらりんになって、あの独白は語られた。ハムレットのような良心的な人間は、主体的に理性を働かせて分別をもてばもつほど行動ができなくなってしまう。自殺さえもできないという絶望の深さがここにはある。こうして良心は理性の声のみに従う自律的なものではなく、死後の神の裁きの法廷をも意識しているのであるから、絶望に転落しながら、そこにとどまることもできない。近代人の姿がここに顕著に示されている。

では、どうして亡霊が悪魔であると言うことができるのか。ハムレットを狂気だと見ることはできない。むしろ狂気を装う態度の中に悪魔が巣くっていて、精神錯乱の悩みを生み出すのである。その姿は、オセローが自分の嫉妬と格闘し、マクベスが自分の権力欲と格闘しているのと同じである。

また『マクベス』では、最初にあらわれるのが三人の魔女であり、悪魔の力が全体を支配している。それは悪と幻想の暗い霧に包まれた世界であり、最初から超自然なものに包まれている。ところがマクベスは弱い男なのに野心家であり、また野心のためには決して逡巡しない妻に支配されている。マクベス自身は悪魔ではないが、ゲーテの描いたファウストと同じく、自分の内にある高慢と野心の虜となってしまう。ひとたび虜となった者には悪魔が猛威をふるい、破滅の運命から逃れることができない。どんなに努力し悔い改めようとしても空しく、ファウストがメフィストフェレスのもとに引き戻されたように、マクベス夫人によってマクベスは罪に引き戻される。高慢な罪の結果は絶望でしかない。

シェイクスピアの物語には、悲劇を通して人間の心中に巣くっている悪心が浄化されるというカタルシスが見られる。そこには襲いくる悪魔との闘争によって、悲劇的運命から解放されたいという願望が垣間見られるのである。

2 ミルトンの「失楽園」物語

ジョン・ミルトン（John Milton, 1608-74）の代表作『失楽園』は一六六七年に出版されたが、これを書いたのはピューリタン革命が敗北に終わってチャールズ二世の王政復古に至るあいだの時期であった。ミルトンは当時すでに完全に失明していたが、それまでクロムウェル政府の「外国語大臣」として政治に関与してきた祖国のために、この作品を創作した。『失楽園』は、神に反逆した堕天使サタンの誘惑によってアダムとエバが罪を犯し、楽園を追放される出来事を大胆な筆致をもって描いた物語である。この作品によってヨーロッパ文学における悪魔像は実に巨大化し、多大の影響を今日にまでおよぼすようになった。

そこには近代における人間の実像が反映され、この時代に芽生えた人間の自律と自由の理解が根底にあり、自由を何よりもまず人格的な問題として、しかも最高価値である神との関係で宗教的に把捉し、強固な土台の上に基礎づけた。それは、自由がヨーロッパの知的な伝統にもとづいて政治的領域で論じられるに先立っていた。それは、カントに至るまで白熱した討論の主題とされた問題であり、今日のヨーロッパ精神の土台を形成したものでもある。

ミルトンは大学時代からこの作品『失楽園』の構想を立てていた。それは神に敵対する悪魔の反逆および人間の背信と神との和解を主題とする叙事詩の大作であり、さらに荒野でのキリストの試練を扱う叙事詩『楽園の回復』を加えて、自己の思想を完成させた。ここでは、その中で悪魔像だけを取り上げてみよう。『失楽園』の冒頭では次のように歌われ、物語が始まる。

神に対する人間の最初の叛逆と、また、あの禁断の木の実について（人間がこれを食べたために、この世に死とわれわれのあらゆる苦悩がもたらされ、エデンの園が失われ、そしてやがて一人の大いなる人があらわれ、われわれを贖《あがな》い、楽しき住処を回復し給うのだが）――おお、天にいます詩神よ、願わくばこれらのことについて歌い給わらんことを！(5)

この詩全体の主題は「罪とその罰」であり、その道筋はまず人間が神に反逆し、そのため人間がそれまで置かれていた楽園を失うという人類史的な歩みである。次いで人間の堕落の主原因であった蛇、というより蛇に宿ったサタンのことに触れる。サタンは神に叛《そむ》き、夥《おびただ》しい天使の軍勢を味方に引き入れたが、神の命令によってそれらの一味徒党もろとも天国から追放され、大いなる深淵に転落する。雷にうたれ、呆然自失の体《てい》であったサタンは、天使たちとともにこの地獄の炎々と燃えさかる火の池に横たわっていたが、しばらくして、そこにいた麾下《きか》の全軍勢を呼び起こす。サタンは伏魔殿を造営し、全体会議を開いて、天国を奪回すべく謀議をめぐらす。サタンは最高位の大天使ではなかったが、天使の高い階級に属し、権力においても、寵愛《ちょうあい》と名誉においても、偉大な存在であった。ところが御子《みこ》キリストがその父なる神によって栄光を与えられ、油を注がれし王、メシアの救世主と告げられると、サタンは嫉妬に駆られて神に対し反逆するようになる。その有様が次のように描かれる。

嫉妬にかられ、傲慢にも御子の姿を見るに堪えないとばかり忌避し、自分が不当に貶《おと》しめられたと思い込んでしまった。そうなれば悪意と憤怒の念は強くなるばかりで、夜が更けて一同が寝しずまる頃を待ちかねて、暗闇に乗じ部下の全軍を引きつれて本部を撤去しようと決心するにいたった(6)。

こうしてサタンは嫉妬にかられ、傲慢に動かされて、御子《みこ》に拝跪《はいき》するのを拒否した。彼は「あらゆる点で神と同等でありたいという野望に燃えた」。そうなったのは御子に任命されたキリストが、「すべての権力を我が物顔に独占し、油を注がれし王という名のもとにわれわれの光彩を悉《ことごと》く彼〔御子〕が奪い去ってしまったからだ[7]」と言う。サタンは誰にも隷属しない絶対的な自由を主張する。そして彼は、神に反逆するにしたがって、かつての天使としての品位を失い、次第に醜悪な姿をとるようになる。彼の意志は悪くなったのだ。その歪んだ意志に合致するように、姿が次第に変わってゆく。その劣化はやがてグロテスクになり、霊性を損なう悪化が進む。品位を落とし、転落の一途を辿った末に、彼は「蛇の体内に入り、その粘つく体と一つになり、その霊質を肉化し、獣化する羽目に陥るに至ったとは！[8]」と悲嘆されるまでになった。サタンは輝く天使から次第に堕落し、蛇の姿にまでやつれて、遂に罪を犯すよう人間を誘惑する悪魔にまで変身した。

こうしたサタンの姿に、「堕罪とは何か」が語られているのだが、その内容はアウグスティヌスが『神の国』で創造と堕罪に関して教えた思想に従っている[9]。アウグスティヌスによると、神は人間を善に造ったのに、悪魔は神の「服従者になることを欲せず、暴君のごとく自分自身の服従者をもつことを喜びたいと欲して、神から自己自身へと目を転じた傲慢な天使[10]」である。ミルトンの造形した悪魔は、まさしくこの説明に一致する。悪魔の第一の関心は自己自身の尊厳である。悪魔は「自分の真価が損なわれたと思った」ことで叛逆したのだ。

悪魔は傲慢を通路としてエバに近寄る。そして、エバの自我中心主義に訴え、唆すことによって誘惑する。誘惑者は「なにゆえ、これ〔禁断の木の実を食すること〕が禁じられたのですか。

あなたがた神の礼拝者を低く無知にしておく以外に理由がありますか[11]」と誘う。有限な被造物として、「自分の力で」存在したいという欲望に対する、これは直接的な訴えである。

人間を堕罪に導いたサタンの誘惑は、「悪霊に憑かれた狡猾な蛇」の姿でまずエバを誘惑し、次いでエバによってアダムをも誘惑する。二人が禁断の木の実を食べると二人は自分の裸に気づき、羞恥心を覚えるだけではなく、常軌を逸した欲望の虜となった。サタンはアダムを誘惑できなかった。それは神が自由意志と理性をさずけて完璧に人間を造ったことをアダムは知っており、限界を越えて神の掟を破ろうとはしなかったからである[12]。それに反してエバはサタンに美しいとほめられ、神性にまで達することができるとおだてられると、誘惑にはまってしまった。それでもアダムは、エバとの生活を愛していたために禁断の木の実を食べてしまう。

アダムに対する堕罪の効果は、エバに対する効果とはまるで違っていた。エバはまっしぐらに誤った感情に突入したのに対して、アダムは禁断の実を食べた後、反対の方向に向かう。アダムは世慣れた者、洒落の名人、凝った冗談の志望者となる。アダムは、エバの味覚をほめ、楽園の欠点は、禁断の実が少なすぎることだとさえ言うに至る[13]。そして彼らは、お互いに無垢な欲望のときとは異なる色情を起こすことになった。目を覚ましたとき、恥ずべき悲惨と感じられたものが、今では淫らな行為が可能であるという悦ばしい発見として感じられる。それが「おまえを楽しむ」というアダムの快楽主義的な「戯れ」となり、女は快楽の対象に成りさがり、エバの夢見た神性への憧れがその転落を引き起こすことになった。ここでは、増上慢があらゆる破滅の原因なのである。

サタンは最初に罪を犯したがゆえに、決して救われることはないが、人祖はサタンによって誘惑されたのだから、人間には救い主が与えられる。「最初の者たちは、自ら誘惑に陥り、自ら腐敗を求めて勝手に堕落したのに対し、人間はこの始めの者たちによって欺かれ、堕落した。したがって人間は恩寵を見いだすことができる」。こうした出来事が『楽園の回復』で展開されるのである。それはキリストが、サタンによって「荒野の誘惑」(『マタイ福音書』四章一―一一節)で三つの試練を受けたが、信仰によって打ち勝った物語を通して説き明かされる。キリストの神に対する徹底した信仰を見て、「サタンは驚愕に打たれて落ちた[14]」と説かれた。

3 バニヤンの「溢れる恩恵」物語

ミルトンの次の時代に活躍したジョン・バニヤン(John Bunyan, 1628-88)は、鋳掛け屋トマス・バニヤン・ジュニアの長男としてイングランドの中部にあるミドランドのベッドフォードの近郊で生まれた。一六五〇年代の始めに、バニヤンは軍務を去り、鋳掛け屋の仕事に戻る。自伝『罪人のかしらに溢れる恩恵』によれば、この頃すでに精神的危機が始まっていた。そのさ中に彼はベッドフォードの分離派の信徒と出会い、その指導によって精神的危機を克服しようとした。こうして心の深い葛藤を克服し、教会の執事となって近隣地域で伝道を始めたところ、その説教は思わぬ反響を呼んだ。そこで説教を著作としてまとめ、より広く読者に届けようとした[15]。バニヤンが証言しているように、説教の内容は、自分の体験に根ざして語られたものであった。

バニヤンは初期の神学的著作『律法と恩恵』において、「霊」の姉妹概念「良心」について次のように語り、良心の覚醒を読者の心の内に喚起しようとする。

何よりも第一に、確かに神に栄光を帰すべきであり、あなたの確信に身をゆだねるべきであり、性急にその確信をあなたの良心から取り去ろうとしてはならない。かえって、その確信を働かせて、あなたが、信仰、希望、神およびキリストを知る知識、さらに恵みの契約のようなあらゆる恵みが生来あなた自身に欠けていることを悟って、大急ぎでイエス・キリストの許に飛翔しなさい[16]。

良心を覚醒させようと彼は努め、良心が無分別や無感覚に陥ることに警告を発する。人間の心は神の前に立つとき、良心の意識に目覚め、霊性の自覚にまで達するからである。霊性をバニヤンは「霊」(spirit)として語り、信仰の確信が生む働きと見てとって、次のように語る。

もしあなたが救いに導くためにあなたの魂に注がれるキリストの価高い血潮を受けることがないならば、あなたはその確信を確かに無駄にし、その後、神の言葉が説かれ、あるいは読まれるのを聞く時が近づいても、あなたの心が頑なになっていることをはっきり示す結果になる。自分たちの霊に最初に与えられたそれらの確信に心を留めなかった人々は、(彼らに対する神の正しい裁きによるのであるが)彼らの霊が、誰の場合にも、いっそう頑なになり、いっそう無分別となり、より無感覚になり、愚鈍になるということが一般に見られる。というのは以前は御言葉を聴いて心おののき、悔い改めの涙を流し、気持ちをやわらげられた人々が、今や良心がきわめて無分別となり、きわめて無感覚にさせられ、頑なにされてしまうからである。[17]

ここに見られるように、バニヤンは「心」「霊」「良心」を同義として用いており、良心を明瞭に「罪の自覚」とも言い換える。そして、その作用は「あなたが〈罪の自覚〉(conviction)に喜んで心を向け、耳を傾けることができるように、さらにより多くの省察を付け加えなさい」と力強く説く。[18] 良心の自覚によって、自己の悲惨さと神の憐れみとを感得するように、人びとに勧めたのである。

バニヤンのこのような神学思想が確立される過程を、自身の体験と思索にもとづいて物語ったものが、自伝『罪人のかしらに溢れる恩恵』である。バニヤンは大学に行かず、学問の訓練を受けていなかったが、まさしくそれだけ霊性に対する純粋な認識に到達することができたと言えよう。

この作品には、回心前後の精神的な状態が克明に記録されている。この頃のバニヤンは、信仰の確信が獲られず、絶えず悪魔の誘惑にさらされていた。信仰の試練に見舞われていたのだが、そこからの脱出と回心は自らの弱さの自覚を特徴とする。外面的な教会に対する信仰に始まり、次第に善い業《わざ》や自己の内面に向かっていっても、いつもこの世における生活の誘惑に負けてしまう、その弱さの自覚である。神を信じていても、この世の誘惑に負けてしまう。バニヤンの良心は、極度の病的な状態に陥った。こうして罪について過敏となり、

わたしはピン一本、わら一本にさえ手を触れようとはしなかった。わたしの良心は痛みやすくなり、ちょっと触れても、ヒリヒリ痛むほどだったから。わたしはへたな言葉を使うのを恐れて、どう口を利いたらいいのかも判らなかった。ああ、この時、わたしは、言うことなすことの一つ一つに、どんなにおずおずとして暮らしたことだろう。ちょっと身動きしても震動する泥沼にはまりこんで、神にも、キリストにも、御霊にも、一切の善いものから取り

残された ように感じた[19]。

バニヤンはそこに、誘惑者である「悪魔との激しい格闘の経験」を感じ取るようになった。こうした苦闘からの救いを求める求道の途上に、彼はルターの『ガラテヤ書講解』(一五三一年)と出会う。この書によってバニヤンは、ルターも彼と同じ霊的な試練の中にあったことを知る。傷ついた良心の状態に陥ったとき、煩悶し、深く絶望したとき、他の人はたとえ誰でも、わたしよりは良い心をもっていると考え、もしも自分の心が他の人のそれと交換できるのなら、誰とでも交換したいとすら思った。そして遂に、その交換をキリストとの関係において実現するに至り、律法による激しい試練から良心は救われる。その経験についてさらに、罪責認識と救済体験とを対比しながら、神の恩恵が溢れるばかりに注がれるとも語られる。ここにおいて恩恵は、バニヤンの書物の表題そのものである「溢れる恩恵」(grace abunding)として、「超過」(super-abundance)として把握された[20]。ここにあるのは優れた霊性の論理である。

4　レッシングの「賢人ナータン」物語

ゴットホルト・レッシング(Gotthold Ephraim Lessing, 1729-81)が活躍するのは啓蒙時代であって、この時代には一般的に信仰に代わって理性が強調されるようになる。奇跡をもたらす天使像を作ることが禁じられ、「真の奇跡というものはごく平凡な仕方で起こる」と説かれるようになった。こうして太古から神話や伝説を通して、さらには昔話や民話の中で、神や神々が天使や守護霊によって人々を守るという考えが後退していった。この間の事情に詳しい「昔話」の研究家リューティによると、演劇にしても、たとえばギリシア悲劇を見れば明らかなように、ディオニシウスを祀る祭儀から起こった。戯曲もその延長線上に発展し、ヨーロッパ中世の戯曲では復活祭劇やクリスマス劇が上演されたが、そこでは聖者キリストの復活や生誕の奇跡を祝い、奇跡劇は聖者の不思議な運命を讃えていた。近代にはいっても、ゲーテの『ファウスト』には、主人公が「魔女の厨《くりや》」や「ヴァルプルギスの夜」のような魔術的な奇跡の圏内に導かれ、黄泉の国を通過して最後には天上界に至る超自然的な旅の物語が残っている。しかしゲーテの時代には、奇跡物語に対抗する運動が興り、啓蒙主義（Aufklärung, enlightment）がその時代の思想を導く潮流となった。この運動によって、天使や悪魔の姿は消えていく運命を迎える。一八世紀から一九世紀にかけて写実文学が盛んになり、文化の動向は自然主義に傾斜していく。そして、その転換の境界に立っているのが、一七七九年に発表されたレッシングの韻文劇『賢人ナータン』である。この作品には超自然的な奇跡物語の終焉を見ることができる。[21] しかし、啓蒙思想によって悪魔的なものと霊性との対決は、まったく喪失されてしまったのだろうか。これが、ここでのわたしたちの問題である。

たしかに『賢人ナータン』の物語からは、天使や悪魔が姿を消した。ナータンは天使を信じる娘に対して、それとは別な形で同じ事態を表現するように導いた。レッシングは、この作品の中で偶然的な出来事を超自然的な奇跡として創作する態度を退け、日常茶飯の現実の中に偉大なる神の手を捉えるという認識の大転換を敢行したのであった。リューティは適切にも述べている。「この劇は天国も地獄も、天使も悪魔も出さないばかりか、昔から続いている奇跡の信仰に反対する態度をはっきり表明したが、それもうわついたやり方でなく、神の創造に対する畏敬の念からである」[22]と。

『賢人ナータン』の導入の部分を、少し辿ってみよう。ナータンは裕福な商人であるが、旅に出ている間に家が火事に見舞われ、娘レーハは若い神殿騎士によって救い出される。娘は自分を救ってくれた人を探そうとするが、どうしても見つからない。やがて彼女には、神殿騎士の白いマントが天使の翼のように思われてくる。彼女は、「天使に助けられた」と言い始め、遂に奇跡を信じるようになる。レーハは旅から帰ってきた父親を説得しようとして、次のような対話を交わす。

レーハ　天使様のいらっしゃることや、また神様がご自身を愛する人たちのために奇跡をお示しになるということを、わたくしに教えて下さったのはお父様ご自身ではございませんの。わたくしは心から神様を愛しておりますわ。
ナータン　そして神様のほうでもお前を愛しておいでになる、それだからこそお前やお前のような者のために、四六時ちゅう奇跡を行っていらっしゃるのだ。いや、もっとずっと昔からお前たちのために奇跡を行ってこられたのだよ。
レーハ　まあ嬉しい、そうでございますの。
ナータン　お前を救って下さったお方が、本当の天使さまでなくて、ただの神殿騎士だとしても、それだからといってお前の救われたことが奇跡でないとは言えまいよ、もっともそう言ってしまうと、いかにも平凡なまるっきり当たり前のことのように思われるかも知れないがね。だが奇跡の至極といえば、真の奇跡というものはごく平凡な仕方で起こるし、また起こって然るべきだというところにあるのだよ。こういう有りふれた奇跡がないとしたら、子どもたちが奇跡だなどと囃し立てずにいられないようなものまで、いやしくも物の道理を弁えている人が、奇跡なんぞという名を与えはしなかったろうよ。(23)

ここにある、「真の奇跡というものはごく平凡な仕方で起こるし、また起こって然るべきだ」という言葉こそ神の創造の業に対する賛美なのである。そのために特別な奇跡物語を創作する必要はない、とナータンは語る。それに対して娘のレーハは、自分の体験を奇跡物語として神を賛美したかったのである。これは侍女のダーヤの声にもあらわれる。「でも旦那様、こんなこと申し上げてなんでございますが、お救いなさったお方を天使様だと考えても構わないではございませんか。そのほうが、測り知れない根本の原因にそれだけ近づいたという風に感じられはしないでしょうか」。しかし、冷静なナータンから見れば、これは真実を曲げて誇張する感情の産物にすぎなかった。感情を高ぶらせて奇跡物語を捏造《ねつぞう》するのではなく、神の創造の業を自然の中に洞察しなければならない、とナータンは考える。「捏造」と「創造」とは正反対の行為である。ナータンは、捏造は「鉄の壺を銀の壺」と思い込み、「それだけ神様に近づいたと感じる」ような感情的な思い上がり、つまり「慢心」であって、空想的な子供じみた態度であると叱責する(24)。

昔話も、神話や伝説に劣らず奇跡的な出来事と世界を描いている。しかし、それらは一つの真実な世界を象徴的に指し示しているのであって、事柄の本質を理解できる人にはそれらに頼らずとも、自然の出来事の中に神の手を感じ取ることができる。ナータンは決して単なる近代的な理性の人ではなく、その理性も単に近代的で自律的な理性ではない。賢人としてのナータンの原点は、「わたしは欲します、もしわたしが欲することをあなたが欲しておられさえすれば」という、神との関係における受動‐能動という二重化された意志の構造にあった。つまり霊性に裏打ちされた理性なのである。ナータンにおいて理性は、何よりもまず「神によって与えられているものを聞き取る能力、ないしはそれに直接気づく能力」を意味しており、したがってそれは「〔神の声を〕聞き取る理性」(eine vernehmende Vernunft)、神の啓示に開かれ、超越者からの声に傾聴する「信仰的理性」(glaubende Vernunft)なのである。必然的にその理性は、その本質において自らの限界をわきまえている「限界を知っている理性」(Grenzvernunft)にほかならない[25]。

5 ゲーテの「ファウスト」物語

ゲーテ(Johann Wolfgang von Goethe, 1749-1832)の『悲劇ファウスト』に登場する主人公ファウストは、ルターが活躍した一六世紀の南西ドイツに実在した人文主義者であった。彼は悪魔と手を結んで魔法に身をゆだねたという伝説が出来上がっていて、ヨーロッパ中に広く知られるようになった。ファウスト伝説は、ドイツばかりでなく、イギリスでもマーロウによって劇作され、よく知られるようになった。ゲーテは、若いときに『ウル・ファウスト』を書いたのだが、それに満足せず、生涯の最後に至るまで、手を加え、改作し、最晩年についに完成させた。

この作品には、近代人に宿っている霊の力が実にリアルに奥行きをもって描かれている。ファウスト自身に宿っている、人間の内なる悪魔が、悪魔メフィストフェレスによって引き出され、悲劇を招来する物語となった。

ファウストは、哲学・法学・医学・神学という、その時代の大学の全学部に相当する学問を修めた万能人であった。しかし彼は知識では満足できず、知的絶望に陥ってしまう。これはデューラーが描いた「メランコリア」とまったく同じ精神の情景である。ファウストは、学問の全体を徹底的に研究し、その知識をひっさげて学生たちの上に巨匠のごとく君臨していた。知識は確かに力である。だがファウストは嘆く、「そして知ったのは、おれたちは何も知ることができないということだけだ。それを思うとこの胸が裂けんばかりだ[26]」と。ここにあるのはソクラテスの説く「無知の知」と同じ内容の自覚だが、ソクラテスにあってはここから知を愛し求める哲学の探究生活に入ってゆくのに対して、ファウストは哲学を含めた全知識に絶望したのだから、そこに魔法に手を出す余地が生まれる。ファウストは、大地の霊を呼び出すが、「お前はおれに似ていない」といって拒絶され、自殺を決意する。そのとき、耳に届いた復活節の鐘の音を聴いて死を思いとどまり、祭りにでかけた帰り道にむく犬の姿を借りて近づいてきた悪魔のメフィストフェレスと出会い、彼と結託して俗世間に入っていくことになる。

この作品の始めには「天上の序曲」があり、そこでは神と天使らの会議が催され、悪魔も登場し紹介される。悪魔は、全能な神の計画の中でも活動が許されている。というのも悪魔は、神に反逆するというよりも、神に批判の刃を向け、文句をつけてくる「否定をこととする霊たち」にあってもっとも邪魔にならず、かえって神の目的を達成するのに役立つからである。したがってメフィストフェレスは、人間を襲撃して破滅させる外力ではなく、人間に取り入って内側から誘惑する誘惑者なのだ。しかも、誘惑される者が自分自身に責任があるという仕方で介入してくる。ここにこそ、古代や中世にあった「試練」とは異質な作用が認められる。この作品に登場する悪魔メフィストフェレスは、ファウストの内なる欲望を刺激して誘惑し、破滅へと導くが、責任はどこまでもファウスト自身にあるというように誘うのである。したがって試練はファウストの内心から出たものであり、悪魔は単に拐《かどわ》かす誘惑者にすぎない。ところがメフィストフェレスは、グレートヒェンを誘惑できない。というのも清純な愛は、彼がとり入る隙を与えないからである。彼女はただ愛人ファウストの愛に誘われて罪に陥るため、この苦難は彼女にとっては外から襲ってきて破滅させる試練となったのである(27)。

ファウストが求めているのは単なる快楽ではなく、自我の拡大である。悪魔と契約するに際して、次のように言う。

おれには快楽が問題ではない。おれは陶酔に身をゆだねたいのだ。悩みに充ちた享楽もいい、恋に盲いた憎悪もいい、吐き気のくるほどの歓楽もいい、さっぱりと知識欲を投げすててしまったこの胸は、これからどんな苦痛もこばみはせぬ。そして全人類が受けるべきものを、おれは内なる自我によって味わいつくしたい。おれの精神で、人類の達した最高最深のものをつかみ、人間の幸福と嘆きのすべてをこの胸に受けとめ、こうしておれの自我を人類の自我にまで拡大し、そして人類そのものと運命を共にして、ついにはおれも砕けよう。(28)

ファウスト的人間像は、ここに内なる自我の激烈な衝動に駆られて自律する姿として、またそこから生じる運命として描かれる。しかもこの自我は、本質において不断に拡大し膨張してゆく力を、特質として備えている。エクスパンションというこの特質こそ、ほかならない近代資本主義社会を推進させてきた経済力に固有のものであって、これゆえに経済と人間とを一つに結ぶ運命が近代人に宿ることになる。すなわち膨張と拡大はあたかも風船をふくらませ続けることによって生じるように、破裂する運命を宿しているのである。ファウストは「ついにはおれも砕けよう」と語って、破滅の宿命を予感しながらも、自らの意志によってそれを自己の内に招き入れざるを得ないのである。

近代社会を形成した市民の基本的徳目は「勤勉」であった。勤勉な人は、仕事熱心で、現世の楽しみをしりぞけて禁欲的に働き、その結果、富を蓄積するようになる。だが、この富が財神「マモン」として猛威をふるい、支配し始めると、勤勉は飽くことのない「搾取」へと変質してゆく。こういう人は頑張りのきく強い人間であるが、「頑張る」ということも、その内実をよく見れば、我を張り、自分の欲望をどこまでも拡大してやまない精神にほかならない。ファウストの悲劇は、この自我が辿る運命を描いているのである。そしてその宿命は、女性に対する愛に始まって、政治的事業を超え、無限に拡大していく。

ところで、現世的な愛欲の生活を反省しようと、ファウストが自然の奥深くにわけいっていく場面がある。「森と洞窟」であり、ファウストはそこで「大地の霊」に救いを求める。それは彼の守護霊であって、生命の源泉にほかならない自然の霊である。しかし、それでも欲望を断ち切ることができず、ファウストは罪の中にいっそう深く転落していく。それに反して、グレートヒェンは罪を悔い改めるようになる。彼女は苛責の霊に告発され、良心において審判を受けるのである。良心は重圧の霊として重く暗い力となり、絶望と死へと彼女を追いやる。

この作品の第二部の終幕では、ファウストの救済という壮麗な出来事が描かれ、「永遠なる女性的なもの、われらを高みへ引き行く」と歌われる。グレートヒェンと呼ばれた贖罪の女に聖母は言う。「さあおまえ、もっと高いところにお昇り！　おまえがいると思うと、その人はついてくるから」と。

こうしてグレートヒェンの信仰は、愛するファウストの救いを聖母に嘆願し、その愛がファウストを救いの高みへと導く。彼女はファウストへの愛ゆえに思いもかけない犯罪に巻き込まれ、死を通しての贖罪の業によって愛する人を救いに導く。この物語は盲目的に活動する男性が、信仰深い女性の霊性によって救われるという「救霊の物語」なのである。

第六章　現代思想における霊性物語

はじめに

近代ヨーロッパに起こった、キリスト教信仰への蔑視と世俗化の波は、霊性にも破壊的作用を及ぼし、無神論とニヒリズムを到来させたが、それでもなお霊性を抹殺することはできなかった。この有様を、事例に即して探求してみたい。

たとえば、ドストエフスキー（一八二一―一八八一年）は近代的自我の問題性をニヒリズムの観点から解明した類稀な思想家にして偉大な創作家であると言えよう。文化史・思想史の大きなうねりからすれば、近現代はニヒリズムの世紀であると言われる。一般的にいって、ニヒリズムは最高価値の喪失と定義され、ヨーロッパではキリスト教的価値体系の喪失、一言でいえば、「神の死」

を意味している。神の死とは、それまで最高価値として立てられていた神が無意味になったことを指す。無神論とニヒリスティックな生活感情とは、長い歴史の経過を通して、ある意味では必然的に生じてきている世紀の病ということができる。こうした時代的特徴を適切に捉えてニヒリストを如実に描いた作家で、ドストエフスキーに優る人はいないと思われる。たとえば、『悪霊』の登場人物、スタヴローギンや『カラマーゾフの兄弟』のイワンといった人物像の中にニヒリストの真髄が見事に描き出されていると言えよう。

ドストエフスキーが描いたニヒリストの特質はどこに求められるであろうか。ニヒリストは最高価値たる神の存在を認めないがゆえに、倫理的判断の基準が相対化し、善悪の区別が曖昧となる点が指摘される。ニヒリストは一般の道徳的感情を踏み越え、たとえ人生に絶望していても、なお燃えるような激しい生の衝動に駆られている。したがってイワンは、知性が暗くなり、論理が通じなくとも、自分が生きているという実感と感動に酔い痴れることのみを追求してやまない。スタヴローギンは、自己意識の世界に閉じ込められ、外部への突破を求めて情欲と弑逆《しいぎゃく》に耽溺する。倫理的には卑劣の限りを尽くし、色彩を失った白夜の世界を生き続けようとする。能力もあり、心も優しく、美貌の持ち主であった彼は、まわりに群がり集まる女性たちを毒牙にかけ、苛《さいな》んだ挙句に犠牲にしていく。ことごとく情感を失って、いわば剝き出しになった欲望は悪無限である（ヘーゲル）。ただ、より激烈で刺激のみを求める衝動がスタヴローギンを生へと駆り立て、いっそう重大な人間性の破壊にほかならない犯罪へと向かわせる。彼は本質的にニヒリストであって道徳意識を喪失し、善悪の彼岸を生きている。神という絶対者を否定して、無感動な白夜の世界に君臨するのは自己をおいてほかにはない。自己を絶対視し、神となった者は道徳を超え、生きるためのあらゆる普遍的規範を失う。つまり、何をなしてもかまわないということになる。

近代の人間は、自分以外の他者に信頼し、互いに依りかかり合いつつ生きるための拠り所をもっていない。そのために自己という意識の円環を根拠とし、他者を無視して生きざるをえない。その傾向を増幅したところに、快楽と犯罪の陶酔感にのみ生きようとする、化け物のような人間が造形されるのである。ドストエフスキーは、イワンやスタヴローギンという作中人物を通して、近代のある必然的な傾向を極度に増幅してみせたのである。

ここに近・現代の人間における悪魔の力との闘争、その最前線の光景を見いだすべきかもしれない。悪魔はもはや超越的存在でも歴史的存在でもない。孤立した自己自身である。自己が悪しき力となって自己を苛み、蝕《むしば》むのである。ドストエフスキーが描いたニヒリストたちには、近代的人間の究極的な姿が、その運命とともに刻み込まれている。これは、自我にのみ依り頼んだ近代の人間が、他の一切の拠り所を断ち切ると、いかなる終末を招来するかを示し、そこに向けての警鐘である。そしてここでは、わたしたちの自我が他者や世界、そして絶対者との関係を断ち切って、自己にのみ閉じ込もるという排他的自己肯定が諸悪の根源をなしている。

古代の人間たちは、いわゆる地縁・血縁を通した仲間同志の共属感を生活の基礎としていた。ある自然環境に住み込んだ地域共同体と生命的に一体となり、部族・民族の基盤に立つことによってのみ個人の生命を維持しうるという強い意識をもっていた。そして共同体のみならず、自然と宇宙も生命と繋がり、いわばそれと共振するものと考えられていた。そこでは、すべてが互いに密に浸透し合い、切り離したり、対象化したりすることはできないとされていたであろう。自然環境も、単に生命を維持し、生活を保護する快適な世界住居を提供してくれるものとしてだけではなく、それ自体が生き、活動し、発信するものとして、ある種のコスミックな共生感が分けもたれていたと思われる。

近代の人間に固有の自我の意識は古代人にはなかった。たとえばソクラテスにしても、ソフィスト（詭弁家）のように言葉のみに依拠して自らの考えを貫こうと欲したなら、国外に逃亡し、アテナイの法律によって拘束される必要はなかったであろう。ところが彼は、たとえどんな悪法であれ、その法を制定した国家社会なしに個人は生きることができないと考えた。さらに、中世に入ると、キリスト教の影響によって王権よりも神の意志が優位に置かれ、国家の法（ノモス）も宇宙（コスモス）も非神聖視されるようになる。神の人格的意志が、人間の心の根底を支配し、罪深い欲望も神の愛へと改造されることを求めるようになった。

キリスト教的な神と人との人格的関係、つまり信仰による神への依存関係を、近代の人間がその強力な自我意識のもとに拒絶し、自律した個人に徹するとき、かつて古代人が経験していたコスモスと共同体の崩壊に見舞われることになる。しかもそのコスモス（宇宙）はコペルニクス以来、閉じられ、かつ意味に満ちた人間の有限な生活空間ではなくなり、無限に向けて開かれたのである。パスカルが、「この無限の空間の永遠の沈黙は、わたしをおそれしめる」と語ったように、人間はそれまで知らなかった無限空間に直面し、未曾有の孤立感と寄る辺なささを味わうことになった。

同様に一八世紀には、王権が支配する古い国家形態も、フランス革命のように崩壊することがある、つまり普遍的な不動のものではないことを経験する。こうして近代は、宇宙のレヴェル、共同体のレヴェル、個我のレヴェル、それらあらゆる水準にわたって、古代や中世の人間を生かしてきた諸関係をことごとく断ち切った。以来、近代の人間は、自己自身の内に生きる根拠を造り上げ、そこから生きる力を汲み出すという、不可能な円環の中に住み込まねばならなくなった。ニーチェの「神は死んだ」との発言は、そのことの確認と表出にほかならないが、そうした人間の運命は、二一世紀の今日に至るまで、さまざまな難問を生み出し、遂には世界の崩壊を強く予感させるに至っている。自己のみを拠り所として立とうとする排他的な自律こそ、近代人の運命を破滅に向かって引き寄せる元凶と言えるのである。

1　ドストエフスキーの「悪霊」物語

『悪霊』が最初に出版されたとき、その内容が問題視され削除された「スタヴローギンの告白」の部分こそ、ドストエフスキーの悪霊物語のもっとも重要な核心部分である。そこには悪霊と良心との闘いが赤裸々に叙述されている。このスタヴローギンというドストエフスキーの創作した人物は、元来は心の優しい人間であったが、悪魔的なニヒリストであり、極度のエゴイストである。スタヴローギンが犯した罪の中でも、少女マトリョーシャを陵辱する行為は、法律上の犯罪ではなくとも、あくまでも明晰な意識をもって傍観者的な位置から行われたという点で、倫理的にはもっとも卑劣な行為である。だが彼女の哀れな姿が、夜ごとに悪霊となって彼の前にあらわれ、攻撃して、スタヴローギンを絶望のうちに沈める。哀れな孤立無援の彼女の有様が彼の心に焼きつき、取り除くことができないのだ。ドストエフスキーはこれを「良心の苛責」とも言い、これによって有罪の決定的な宣告をスタヴローギンは受けた、と述べている。すなわち、憐れみも愛も、信仰も倫理も届かない、スタヴローギンの固く閉ざされた世界に、この一瞬裂け目が生まれ、引き裂かれるような心の痛みを体験させた。ここに描かれているのは、逆説的な形だが、人間が決して失ってはならないものとは何かという問題である。

わたしはマトリョーシャを見たのだった。あのときと同じように、わたしの部屋の戸口に立って、わたしに向かって顎をしゃくりながら、小さな拳を振りあげていたあのときと同じように、げっそりと痩せこけ、熱をもったように目を輝かせているマトリョーシャを。いまだかつて何ひとつとして、これほどまで痛ましいものをわたしは目にしたことがない。わたしを脅しつけようとしながら、むろん、おのれひとりを責めるしかなかった、まだ分別も固まっていない、孤立無援の存在のみじめな絶望！　いまだかつて、わたしの身にこのようなことが起こったためしはなかった。わたしは深更まで、身じろぎひとつせず、時のたつのも忘れてすわっていた。これが良心の苛責、悔恨と呼ばれるものなのだろうか。……わたしは哀れで、哀れでたまらなくなり、気も狂わんばかりだった。そして、あのときのことがなくなってくれるものなら、わたしの体を八つ裂きにされてもいいと思った。わたしは犯罪のことを、彼女のことを、彼女の死のことを悔んだのではない。ただただわたしはあの一瞬だけが耐えられなかった、どうしても、どうしても耐えられなかった、なぜなら、あのとき以来、それが毎日のようにわたしの前に現れ、わたしは、自分が有罪と認められたことを完璧に知らされたからである(1)。

スタヴローギンが見る幻覚と悪霊は、少女を凌辱したことに対する罪責意識から起こってくる。それは「良心の呵責、悔恨」と呼ばれ、彼はこの悪魔的良心の痛みから逃れようとして「告白」を書く。しかし、この告白は、自分を裁いてもらいたいという強い欲求であっても、キリスト教的な悔い改めとはまったく異質なもので、彼が意図したのは同じ罪を犯しながら、良心の平穏さを保っている人々に対する挑戦であった。

スタヴローギンの告白について、ドストエフスキーは次のように説明している。

この文書の基本思想は、罰を受けたいという恐ろしいばかりの、いつわらぬ心の欲求であり、十字架を負い、万人の眼前で罰を受けたいという欲求なのである。しかもこの十字架が生まれたのが、ほかでもない十字架を信じない人間のうちにであったこと。……まさしく病人はベッドの中をもがきまわって、一つの苦痛を他の苦痛に置き換えようとしたのであり、社会を相手とする闘いが彼にとって最も楽な姿勢のように思われたがゆえに、彼は社会に対して挑戦状を叩きつけたのである。(2)

この告白を読んだチホン僧正は、「さよう、これは悔恨であり、あなたを打ちひじいた自然な心の要求なのです」と認めながらも、「なぜ悔恨を恥じられるのですか」とスタヴローギンに問い質している。自己の告白が、他者の告発となる悔恨とはまったく異質な神の前での悔恨が求められているのである。「あなたはご自分の心理にいわばうっとりされて、実際にはあなたのうちに存在しない非情さで読む者を驚かせようとしておられる。これをしも、罪人の裁き手に対する傲慢な挑戦と呼ばずしてなんと呼びましょう」とチホンは語った。こうした挑戦と自己主張が根絶されないかぎり、真の悔恨とは言えない。悔恨によって罪の赦しを得るためには、まず他者を赦さなければならない。愛と赦しの生命の中にあって初めて、悔恨は新生をもたらすのである。

スタヴローギンは、彼の友人によって、「良心を責め苛みたい情熱」をもつと言われているように、元来は心の優しい良心的人間である。ドストエフスキーの良心概念は、ルターと同様に神と悪魔のあいだに立つ心を意味する。この二人は同様に、良心概念によって人間が自己を超えた力とかかわりながら生と死に導かれている姿を描いた。

ところで無神論には自己神化の形態とは別の姿があり、この立場から神への信仰に至る道が拓かれる。それはチホンの言葉でこう表現される。

完全な無神論者は、〔なんと申しても、やはりなお〕、完全な信仰に至る最後の階段に立っておりますからな（その最後の一段を踏みこえるか否かは別として）。ところが無関心な人は、愚かな恐怖心以外には何ももっておらない、いや、それとても、感じやすい人が、時たま感じる程度で。[3]

これは、ニヒリズムが単なる神の否定にとどまらず、無神論を生み出している近代的自我そのものを否定する方向をとるとき、つまりその依って立つ基底に向けて、しかもそこを突き抜けて徹底されるならば、ルターが説いた「人間の自由意志は無（ニヒル）である」という思想に近づくということであろう。人間がニヒルであるという主張は、実は人間をまったく超えた新しい生命への希望を逆説的に示しているのであって、ニヒルにとどまることが志向されているのではない。それはまた無から有を創造される神の活動に場を与えることを意味する。神の活動は、人間におけるニヒルの自覚を伴っているのであって、もしそうでないなら、「信仰によるのみ」という宗教改革者の主張は単なる自己確信と自己主張欲にまで堕するであろう。

ドストエフスキーがチホンの口を通して語った、「最後の一段を踏みこえる」飛躍こそ信仰であるが、この信仰自身のうちには、「不断に悔い改める者」という自己否定の働きがあり[4]、しかもその信仰は自らを空無化しながら、同時にまったく無なるところに有を創造する神の愛の注ぎを受ける器となることを意味し、それによって初めて救いに到達する。

神の愛はアガペーと言われるが、アガペーとしての愛は残念ながらわたしたち人間からは生まれてこない。それはただ、神からわたしたちの内奥である霊に注がれる。こうして人間は、神の愛を宿すことのできる偉大な存在となることができる。したがって人間の偉大さは神の愛を受容することにあり、受容するためには人間は無となり、そのことによって受容された神的な霊性の作用がなければならないのである。

2　キルケゴールの「死にいたる病」

キルケゴール（Søren Aabye Kierkegaard, 1813-55）が捉えている人間は、神の前に立つ単独者としての実存である。この実存の立場から、彼はヘーゲルの哲学体系を解体しようと試みた。実存的な思想家として彼は、人間の本質を思弁的「認識」にも、道徳主義的「行為」にも、ロマン主義的「体験」にも依存せしめず、主体的な「信仰」において捉え直した。

キルケゴールは代表的著作『死にいたる病』の本論の始めで、人間を「関係としての自己」として捉え、「人間は精神である。しかし、精神とは何であるか。精神とは自己である。……自己とは関係そのものではなくて、関係がそれ自身に関係するということなのである。人間は無限性と有限性との、時間的なものと永遠なものとの、自由と必然との総合、要するにひとつの総合である」[5]と語った。ここではヘーゲル的な「精神」が「自己」として把握し直され、この「自己」の規定は「無限性と有限性」、「時間的なものと永遠的なもの」、「自由と必然」という二つの項の関係の総合として定式化される。すなわちここでは、自己の内なる要素が静的に措定されており、これを前提として自己がこの関係に「関係する」、つまり態度決定（決断）によって自らを実現すると語られる。したがって決断という動的な行為によって自己が形成されるというのである。このような自己内関係において決定的に重要なことは、自己が自己自身に対して一定の態度決定をすること、つまり自己は決断する主体性として把握されたことである。これがキルケゴールによって把握された新しい「精神」（Geist）、したがって「霊性」（Geistigkeit）の理解である。

さらにキルケゴールの人間学的前提からすると、人間は「心身の総合として精神」である。彼は心身を総合する精神という理解から、さらに人間学の三分法について次のように明言する。「人間は誰でも、精神たるべき素質をもって造られた心身の総合である。これが人間という家の構造なのである。しかるに、とかく人間は地下室に住むことを、すなわち、感性の規定のうちに住むことを、好むのである」と。ここに「精神・心・身体」の三者が明瞭に区分されている。問題は精神である霊のあり方であって、これが心身にどのように関係するかという形で中心的な問題が立てられた。

「精神」こそ、ここで「自己」として語られているものであるが、『死にいたる病』全篇の叙述によると、精神は自己の内なる関係においてなんらかの不均衡に陥るとき、絶望と苦悩の状態に陥る。その際、「精神」は「身体」と「魂」に対して総合する第三者ではあっても、このような関係に精神を置いた永遠者、つまり神との関係において、絶望を克服することが可能となる。このような神的可能性が「信仰」にほかならない。ここでの「精神」（Geist）は、人間学的には神との関係に立つ「霊」とも訳すことができる。しかもこの精神は、ヘーゲルを通過することによって「行為」という動的な作用となっており、自己内関係という水平的関係ばかりではなく、同時に神関係という垂直的次元をも内包していて、この立体的構造の中で質的に飛躍する「信仰」を秘めている。こうした「精神」こそキルケゴールの「霊性」であって、それは神に向かう超越作用を意味するのである。

したがってキルケゴールの霊性は、心の単なる認識機能ではなく、神との関係を決断的に生きるか否かという行為的な特質を帯びている。これは信仰をも言い表すがゆえに、キリスト教的な「霊と肉」の関係に立たされることになる。すると、「心身の総合としての精神（霊）」は単に魂と身体を媒介するばかりではなく、「霊・肉」の実存的規定をも受け取っている。この宗教的実存において絶望が根絶された場合の自己の状態は、「自己自身に関係し、自己自身であろうと欲することにおいて、自己は自己を措定した力の内に透明に根拠をおいている」と定義され、これはまた「信仰の定義」でもあると説かれる。(6)

キルケゴールの実存思想の意義は、理性によっては、つまり概念的によっては捉えられない、単独者としての実存を主題として思索を展開している点に求められる。というのも人間は、その現実において憂愁・不安・絶望・罪・死などによって全体として憂愁な気分に閉ざされているからである。

しかし、わたしたちはここで問うてみなければならない。憂愁に閉ざされた霊や良心における絶望は死によって自由となるであろうか、と。たしかに良心のやましさは自虐的に自己破壊に向かう傾向をもっているにしても、もし生きることに絶望した人が死ぬことを希望するとしたら、そのような絶望はいまだ甘さを残していると言えよう。キルケゴールが説いているような「死にいたる病」としての絶望は、実は「死にいたるまで永遠に呵責する病」であって、そこでは次に語られているように死ぬこともできない絶望が覆っている。

しかし、絶望みずからが欲することとは、自己自身を食い尽くすことであるが、これが絶望にはできないのであって、この無力さが自己食尽のひとつの新たな形態となる。しかし、この形態の自己食尽においても、絶望はやはりその欲するところを、すなわち自己自身を食い尽くすことを、なしえない。それは絶望の自乗、あるいは自乗の法則である。これは絶望を焚きつけるもの、あるいは、絶望のなかの冷たい炎であり、絶え間なく内に向かって食い入り、だんだん深く自己食尽のなかへ食い込んでいく呵責なのだ。(7)

したがってやましい良心は、わたしたちを絶望と死に追いやるだけでなく、死ぬこともできない病、つまり死にいたる病として絶望の度合いを高める。こうして、「呵責する絶望のなかの冷たい炎」は地獄の責め苦として良心に感じ取られるようになる。

キルケゴールの天才的能力は、このように気分づけられている人間のあり方を美的・倫理的・宗教的段階を通して明瞭に規定したことに見て取れる。したがって、彼の実存思想の強調点は、単独者、すなわち一人ひとりの個人である点に置かれた。そのかぎりでそれは個人の自主独立性、もしくは自我の発見から出発した近代思想の極致なのだが、そこには同時に個人の宗教性（つまり霊性）が、彼が「公衆」と呼んだ大衆の水平化による挫折をくぐりぬけ、それを突破して、本来的存在へと回復されることが求められた。このような宗教性の主張は、単独者それ自身を決して自己目的としているのではなく、単独者が自覚的に神の前に立つため、また神および他者との本来的人間関係を回復するという一つの明瞭な目的をもっていた。単独者となることは、この目的に至るために通過しなければならない過程なのである。

このようにしてキルケゴールは、近代の終末を物語る大衆や「実存なき現存在」（ヤスパース）の出現を預言者的洞察のもとに見抜き、大衆社会に埋没して自己を喪失している人格の尊厳を取り戻そうと試みたのである。その意味で、彼こそ現代における霊性の回復者なのである。

3　ヴェーバーの「亡霊」物語

マックス・ヴェーバー（Max Weber, 1862-1920）は、第一次世界大戦ののち、ミュンヘン大学で行った講演『職業としての学問』の末尾で、敗戦によって絶望的な状態に置かれた人びとに向かい、次のように語った。

今日、究極にしてもっとも崇高な諸々の価値は、悉《ことごと》く公の舞台から引き退き、あるいは神秘的生活の隠れた世界の中に、あるいは人々の直接的な交わりにおける人間愛の中に、その姿を没し去った。これは我々の時代、つまり合理化および主知化、とりわけあの魔術からの世界解放を特徴とする時代の宿命である。かつて嵐の如き情熱をもって幾多の大教団を湧き立たせ、かつ、これらを互いに融合せしめた預言者の霊（プネウマ）に相当すべきものは、今日ただもっとも小規模な団体内での交わりの中にのみ、しかも最微音をもって脈打っているにすぎない。このことはいずれも理由がないわけではない。……このことから我々は、いたずらに待ち焦れているだけでは何事もなされないという教訓を引き出そう、そうしてこうした態度を改めて、自分の仕事に就き、〈時代の要求〉に――人間的にもまた職業的にも

——従おう。このことは、もし各人がそれぞれその人生を操っている守護神(ダイモン)をみいだし、かつ、それに従うならば、極めて容易に行われうるのである。(8)

ここには「霊性の証言」が提示され、かつて大集団を導いた預言者の「霊」(プネウマ)は今や小集団の内に限定され、その働きも「最微音」によってしか気づかれないと言われている。しかし、かつてギリシア人の善い守護霊であったダイモンに従うならば、その導きによってわたしたちは悲惨な人生の戦いをも生き抜くことができる。このように語ったヴェーバーは、やはり現代における霊性の覚醒者の一人であると思われる。

そのよく知られた書物、『プロテスタンティズムの倫理と資本主義の精神』の前半では、新しい職業観が近代社会に与えた影響を論じ、後半はその職業観を支えていた「精神」が宗教的生命を喪失して「亡霊」となったことを学問的に考察している。ここでは、その書の後半に考察された「亡霊」に注目してみよう。

ヴェーバーは、宗教的な現世否定の禁欲的精神と魔術からの解放(脱魔術化)としての合理主義の精神とが結びついて、プロテスタント的な独自の職業倫理が形成され、近代産業資本主義の誕生を促進した点を解明した。ルターの職業観が、近代ヨーロッパの形成に対してどのように意義をもっていたかを解明している点と、それを支えてきた「精神」が「亡霊」となっているという洞察とは、きわめて重要な指摘である。

では、「精神」が「亡霊」となる変化は、どのようにして起こったのか。ヴェーバーはその書の後半になると、宗教倫理が資本主義によって世俗化されるプロセスを論じ、次に挙げる三つの観点から世俗化を主張した。

(1) 禁欲による合理化と富の蓄積

資本主義の生産様式において、この世の楽しみを捨てて職業にいそしむ精神、つまり禁欲が重要な役割を演じた。禁欲は不正に対してばかりでなく、純粋に衝動的な物欲とも闘ったが、富裕となることを目的としなかったのに、その結果として富を蓄積せざるをえなかった。したがって禁欲は、シェイクスピアの『マクベス』に登場する魔女が語っているように、「常に善を欲しつつ、常に悪を造り出す」力であった。そこには「富を目的として追求することを邪悪の極致としながらも、〔天職である〕職業労働の結果として富を獲得することは神の恩恵だと考える」といった矛盾が見られる。こうして禁欲による消費の圧殺と富の形成を救いの証しとすることとが結合すると、「禁欲的節約強制による資本形成」が生まれる。そこからニューイングランドでもオランダでも、「真剣な信仰の持ち主たちが、巨大な富をもちながら、一様にきわめて簡素な生活にあまんじていたことは、度はずれの資本蓄積熱をもたらした」(9)。こうして神と富とに兼ね仕えることは不可能であるから、神への信仰によって富が増すようになると、信仰の「腐蝕現象」と言われている世俗化も必然的に起こったのである。

(2) ピューリタニズムの人生観と資本主義

こうした信仰の世俗化が生じたのは、プロテスタントの中でも信仰の内面性を強調したルター派が支配的であった国々ではなく、行動的なカルヴァン派が浸透していった国々、とくにピューリタニズムの人生観が行き渡った国々においてであった。そこでは市民的な、経済的に合理的な生活態度へ向かおうとする傾向が単なる資本形成の促進よりもはるかに重要な働きをもたらした。「ピューリタニズムの人生観は近代の〈経済人〉の揺籃をまもったのだった」。その生活理想は富の「誘惑」という強大な試煉に対してまったく無力であった。ピューリタニズムの精神の純粋な信奉者たちは、興隆しつつあった小市民層や借地農民層のあいだに見いだされ、その中の「恵まれた裕かな人々」(beati possidentes) は禁欲的で質素な生活という古い理想を否定する傾向にあった。富が増すところに信仰の堕落が生じるのは歴史的にも絶えず見られる現象であって、世俗内的禁欲の先駆者であった中世修道院の禁欲が繰り返し陥ったのとまったく同じ運命であった。ピューリタニズムの世俗内的禁欲の場合にも、それと同じことが壮大な規模で起こったのである。(10)

(3) 宗教的生命の枯渇としての世俗化と世俗主義化した「末人」の運命

ヴェーバーがとくに注目するのは、宗教が生命を失って世俗化するプロセスである。彼によるとそれが経済への影響力を全面的にあらわすのは、「通例は純粋に宗教的な熱狂がすでに頂上をとおりすぎ、神の国を求める激情がしだいに醒めた職業道徳へと解体しはじめ、宗教的根幹が徐々に生命を失って功利的現世主義がこれに代わるようになったとき」であり、それを比喩的に表現すれば、バニヤンの『天路歴程』に登場する「巡礼者」が「虚栄の市」を通って天国に急ぐ内面的に孤独な奮闘に代わって、「ロビンソン・クルーソー」つまり同時に伝道もする孤立的経済人が姿をあらわしたときなのである。[11] 実際、強力な宗教的な生命がないなら、世俗化は生じない。そして、これが起こる瞬間は宗教的な生命がその頂点に到達し、やがてそこから下降するときであり、そのときに宗教が生んだ子供が親の地位を簒奪し、それを没収することによって権力の交替が実現する。

したがって世俗化は、権力の「簒奪」や「没収」にほかならないと言えよう。その結果、「世俗的職業を天職として遂行する」禁欲の精神は、かつての宗教的信仰の「亡霊」としてわたしたちの生活の中を徘徊する。こうして職業活動は今日最高の精神的文化価値への関連が見失われ、単なる経済的強制としてしか感じられないし、営利活動は宗教的・倫理的な意味を喪失しており、今ではマネー・ゲームといったスポーツのように純粋な競争の感情に結びつく傾向を示している。

こうした文化発展の最後にあらわれる「末人たち」（letzte Menschen）にとっては「精神のない専門人、心情のない享楽人。この無のものは、人間性のかつて達したことのない段階にまですでに登りつめた、と自惚れるだろう」という言葉が真理となるのではなかろうか、とヴェーバーは警告している。(12) こうして宗教的な生命にかつて溢れていた「精神」が、その内的生命を枯渇させ、今や「亡霊」となってしまったのである。

4　シャミッソーの『ペーター・シュレミールの不思議な物語』

シャミッソー（Adelbert von Chamisso, 1781-1831）は『ペーター・シュレミールの不思議な物語』（一八一四年）の中で、自分の影を売った男が魔法の金袋とまったく価値のない自分の影とを交換する様子を次のように物語る。

「どうぞこの袋を手にとって、おためしになってください」。男はポケットに手を入れると、手ごろな大きさで縫目のしっかりしたコルトバ革製の袋を丈夫な革紐ごとたぐり出して私の手にのせました。ためしに袋に手を入れて引き出すと一〇枚の金貨が出てきました。もう一度手を入れるとまた一〇枚、さらに一〇枚、もうひとつ一〇枚というわけです。「よし、承知だ。こいつと影とを取り換えよう」。私は男の手を握りました。すると男はこちらの手を握り返し、ついで私の足もとにひざまずくと、いとも鮮やかな手つきで私の影を頭のてっぺんから足の先まできれいに草の上からもち上げてクルクルと巻きとり、ポケットに収めました。つづいて立ち上がってもう一度お辞儀をすると薔薇の茂みの方へ引き返していったのですが、歩きながらクスクス笑いを洩らしていたようでした。私はといえば、後生大事に袋の紐を握りしめていたのです。陽がさんさんと射しこめるなかで、すっかり正気を失っていたようです。(13)

ここでの奇跡は神のそれではなく、悪魔の奇跡である。この場面は、ファウストが悪魔と契約を交わす伝承を彷彿とさせる。ファウストも現世の快楽と引き替えに、悪魔に魂を売ったのであった。信仰が失われてゆく世俗化が進行すると、単なる快楽から「金貨」に的が絞られてくる。この引用の少し前には、「わたしは目の前に金貨がキラキラきらめいているような気がしました」とある。金貨に目がくらんで最後には、「すっかり正気を失っていたようです」とある。これは世俗化による自己喪失を描いているようである。そしてこの文章の直前には、「陽がさんさんと射しこめるなかで」とある。つまり太陽の光を受けて生きるのが人間の本来の姿だが、それは太陽に光を受けて生じる「影」によって知られる事態なのであった。ここでの取引きは「魂」ではなく、「影」であるところに悪魔の誘惑の本領が発揮されている。悪魔は悪しき霊である。元来は「光の天使」であった悪魔は「堕天使」となって、神の光が射さない暗黒の世界に青年を引きずり込んでいる。だからこの物語は、主人公がそれとは知らずに悪の誘惑に陥っていく有様を描いており、金袋と影との交換条件が示される。影とは魂ではないし、取るに足りない影に意味があろうはずがない。影などは中身もなければ値打ちもない馬鹿げたもののように思われる。だが、ここに悪魔の欺きがある。

このような情景は、先にヴェーバーが説いた「末人たち」つまりかつての宗教的な霊的生命を喪失して「亡霊」となった現代人の姿を如実に表現している。この物語は、「影をゆずってはいただけませんか」と言う灰色の服を着た謎に満ちた男に請われて、それと引き替えに青年は「幸運の金袋」を手に入れるが、大金持ちになったものの影がないばっかりにさまざまな苦しみを味わうというメルヘン調の物語である。

レヴィ・ブリュールの『未開社会の思惟』には、未開社会の人たちは人の「影」を踏むと、その人は死ぬと信じており、森の開けたところを通過するときには影を踏まれないように警戒していることが記されている。彼によれば、「原始的心性は集団表象においては、器物・生物・現象は、我々に理解しがたい仕方により、それ自身であると同時にそれ以外のものでもあり得る」[14]。そうすると影は、人間の目には見えない生命現象と融合して表象され得ることになる。わたしたちが考察している「霊」や「霊性」も目には見えない現象である。生命現象においても先に見たシェーラーが分析したように、実験科学の対象になる部分と対象とならない部分とがある。魂にも、心理学の対象となる部分とそうでない部分とがある。科学を導いているのは理性であり、これは昔から「自然本性の光」(lumen naturale)と呼ばれていた。人間の霊にはこの光が射さない。したがってルターは神秘主義の用法を借りてこれを「暗闇」(tenebrae, caligo)と言ったが、「影」(umbra)と言う場合もある。霊は見えないが、光が射すところに「影」として現象している。それは霊の反映と言えよう。これが欠けている者は、霊性を完全に喪失した人間であるということになる。

シュレミールは、影がないばかりに世間の冷たい仕打ちに苦しむという辛い経験をなめることになる。物語の終わりに彼は、あの不思議な袋が悪魔のよこしたものであると悟り、魔法の袋を投げ捨て、残ったわずかなお金で古い靴を一足買う。すると、はからずもそれは魔法の七里靴であった。七里靴はシュレミールを楽々と他の大陸へと運んでいく。こうして彼には、魔法の袋という悪魔の奇跡を断念したその瞬間に、あらゆる大陸で大自然の奇跡を探り、研究する可能性が開かれてくる。

シャミッソーは、主人公を世俗的な夢から引き離して、太陽が燦々と輝く世界、実に奇跡に満たされた現実の世界へと導いていく。ここには先に考察したレッシングの奇跡観と等しい思想が窺えるが、異なっているのは、太陽がきらめく自然に導くのは理性的な洞察ではなく、昔話の轍だという点である。したがって、この物語は昔話による昔話の克服、奇跡による奇跡の克服を描いているのである。(15)

5　シェーラーの「ルサンティマン」物語

現代の人間学を創始したマックス・シェーラー（Max Scheler, 1874-1928）は、人間をふたたび根底から問い直し、現代人がルサンティマンつまり怨恨や遺恨という病に冒されている病状を見事に解明した。そこでは、この病に冒された人間が客観的な価値の位階を勝手に改竄《かいざん》している事実が突き止められ、それによっていかに異常な行動が生まれ、社会に破壊的な悪影響を及ぼしているかを指摘した。彼はさらにその病によって人間が価値判断を変更し、自分をどのように悪魔化させているかを見事に捉えた。シェーラーはこの点を、「価値の錯覚」や「転倒」の中に見いだし、次のように言う。

これら他人の諸価値が彼になお積極的なものとして、また高い価値として感じられておりながら、ただその際、錯覚価値によって、それらがいわば「覆われている」のである。それらの積極的な価値が錯覚価値という覆を透して、いわば「透視的」（transparent）にぼんやりとしかすかして見えない[16]。

ルサンティマンとは、あの永遠なる〔価値の〕秩序を人間の意識の中で「転倒」させる諸根源の一つである。それはあの価値秩序の錯覚と、生活の領域への誤った価値秩序の印象づけの源泉である[17]。

わたしたちはこのようにして起こるルサンティマンの事実を、つまりその悪魔化の過程を見逃すわけにはいかない。このことを指摘した著作、『道徳構造におけるルサンティマン』（一九一五年）には、シェーラーの天才的能力がもっとも発揮されており、ニーチェがキリスト教的な愛を批判し、それを病的な愛の現象にすぎないと説いたのに対して、ニーチェの「ルサンティマン」に反論を加えた書である。この研究の意義は、たとえば言語がもっている人間学的意義は失語症の研究よって明瞭になるように、道徳の構造もルサンティマンの解明によってきわめて印象深く浮き彫りにされるという点に求められる。たしかにわたしたちは、本来的な生き方から転落し、転倒している現象の分析によって、際立った仕方で人間の本来的な生き方を明瞭に洞察することができる。それはかつてパスカルが人間の悲惨さを考察することによってその偉大さを捉えたのと同じ手法である。したがって、わたしたちは病的現象と言われるルサンティマンの構造分析によって、道徳の本来的な姿を取り出すことができる。

シェーラーは、「ルサンティマンとは、まったく特定の原因と結果とを伴うある種の〈魂の自家中毒〉である[18]」と規定した。それは組織的な抑圧によって生じ、特定の価値感覚と価値判断の持続によって起こる心的態度（エートス）である。このルサンティマンを引き起こす主たる源泉は復讐衝動であるが、それは同時に復讐できないという無力感が襲ってきて、その衝動が抑圧されるとき、初めて生まれる。たとえば嫉妬がルサンティマンの源になるのは、欲求するものがあっても他人がそれを所有しているため、その欲求を否定せざるを得ないという無力感によって欲求が抑圧されることである。その際、他人がそれをもっているということが、自分がそれを所有できないという苦痛の原因になっていると錯覚し誤認する場合、他者に対する憎しみや悪意を伴った態度となって、先の欲求と無力感が爆発する。したがって、「ルサンティマンは独得な無力感の媒介なしには形成されない[19]」。ルサンティマンに至る第一段階はそれゆえ、他者の行為と存在によって引き起こされる直接の「反感」であり、さらに併発する復讐心や嫉妬心である。しかし、こうした感情はそれ自身ではルサンティマンではなく、第二段階において無力感と抑圧を伴ってこそルサンティマンは生まれる。しかし即座に反撃を起こしうれば、復讐が遂行されることによっては、それは生まれない。復讐する積極的な犯罪者には、表層的に観察しただけでは一般にルサンティマンを見いだすことはできない。[20] この反撃が反省によってまた無力感によって抑えられることからルサンティマンへの道が始まるのである。さらにこの道は、ルサンティマンが宿っている心の深部に潜む奥の院に通じており、そこに至る山道には憎悪、猜疑心、陰険、他人の不幸を喜ぶ感情、悪意などが渦巻いている。

ルサンティマンが起こる条件とはなんだろうか。まず、ルサンティマンを懐きやすい人間の素質として挙げられるものは、たとえばおとなしく、言葉少なで、はにかみ屋で、行儀がよいなどの性向によって、抑圧が蓄積されやすいことである。また、その人の住む社会の構造という要因、たとえば差別された階級や人種の存在、その人が置かれている社会的境遇、僧侶、老人、女性にありがちな受身的になりやすい境遇、さらに無力感を生む生の衰退現象などがルサンティマンを形成するにあたって大きく作用する。しかし、そこでは特別な価値の錯覚も指摘される。つまりルサンティマンに陥った人によって懐かれる、価値の錯覚にもとづく誤った価値判断が、重要な役割を演じるのである。

こうした価値の錯覚によって生じる誤った価値判断に対して、「真正の道徳は、永遠なる〈価値序列〉と、それに対応する、数学的真理のように客観的で厳密で〈明晰な〉価値優先の法則にもとづく」[21] と説かれた。このような「客観的に正しい秩序」に対して、各人は個別に主観的な価値秩序をもっており、それが永遠の価値序列に一致したり、一致しなかったりすることがありうる。ここから神的な世界秩序の転倒も可能とされる。これが秩序の「惑乱現象あって、ルサンチマンもこれに属する」[22]と言われる。このような思想は、「永遠な価値秩序」を最高秩序と見る伝統的なヨーロッパの価値観を土台として成立するのである。

ところでシェーラーによると、人間には永遠なるものを求める心、つまり霊性が授けられており、この霊性が神によって満たされない場合には、必然的に有限なるものが「偶像」としてそこに闖入《ちんにゅう》してこざるをえない。シェーラーは言う。「人間は自分の造った偶像に魔法にかかったように縛りつけられ、それを〈あたかも〉神であるかのごとくもてなす。このような財をもつか、もたないかという選択は成り立たない。ただ自分の霊性に神を、すなわち宗教的作用にふさわしい財をもつか、それとも偶像をもつか、という選択だけである」[23]と。偶像化とは、人間の心が「ものの虜となる」（vergaffen）性質を備えていることから起こる。[24]そして、この性質は霊性の受容機能なしには説明されえない。これまで触れてきた多くの人生物語が示していたように、こうした性質のゆえに悪魔が心の奥底に侵入し、そこに宿って跳梁するようにもなるのである。

6　ヒトラーとの「闘争」物語

第一次世界大戦後ドイツは、ヒトラー（Adolf Hitler, 1889-1945）の独裁政権の時代を迎える。それは人類史上最悪の時代となったが、その原因として「大衆と独裁者」との関連に注目し、そこに人間の歴史における一つの変化を指摘することができる。「大衆」は元来民主主義を支える優れた基盤であったが、同時にそれは「群衆」としていつしか「暴徒」に化すということも生じうる。ここには大衆概念の世俗化された恐るべき現象形態がある。大衆を指導し、扇動する者こそがカリスマ的指導者であり、時に独裁者であって、権力を一手に集中させたエリートの操作と扇動によって、大衆の運動が社会の方向を決定するようになった。そして、エリートによる正常なコントロールが失われた場合には、大衆は混沌とした「無形の大衆」つまり「暴徒」となる。

ヒトラーは、オーストリアに生まれた。青年時代は定職に就くことなく、第一次大戦前のウィーンとミュンヘンにあっていつかは傑物になるという夢想を蓄積する日々を送った。この偉大な人物になるという幻想を、ヒトラーはワーグナーの歌曲を土台にして夢見ていた。ミュンヘンで彼は、自分の才能を巧みな大衆操作を通して発揮できると考え、またその機会をえて、自己の妄想をいずれは実現できると感じるようになる。そして第一次世界大戦後、労働党に入党し、世界恐慌による社会の混乱に乗じて、一九二一年には国家社会主義ドイツ労働者党（ナチス）の党首となる。そして、合法的な手段によって一九三三年に政権を獲得して首相となり、その翌年には総統となる。彼は全体主義的な独裁体制を確立し、一九三九年には第二次世界大戦を引き起こしたが、敗戦直前に自殺する。

ヒトラーの思想の中には、その初期から社会ダーウィン主義、狂気に近い人種的偏見、ヨーロッパ東部地域侵攻論、反ボリシェヴィキ思想、そして反ユダヤ主義などがすでに芽生えていた。ヒトラーは集団主義の闘争によってではなく、ただ自らの天才的な着想によって社会のはみ出し者や失業者たちに軍服を着せ、彼らを「無形の大衆」である暴徒となし、彼の指導に盲従する組織に吸収することによって、長年懐いてきた幻想を実現させようとした。ワグナー愛好者が染まりがちなオペラ的発想によって、山積する問題を一挙に解決しようとする劇場型の政治が実行に移されたのである。

ヒトラーは大衆を軍隊秩序に組み入れ、一体化された秩序を確立した。そこに見られた「軍隊式の命令と指揮の構造は、総統ヒトラーの立場を正当化する役割を担った。こうした軍隊組織を彼は自分のためにことごとく導入しようとし、総統たる自分に対する絶対服従を要求する」[25]

こうした独裁的支配の特色は、大衆に対して一方的に命令をくだし、ばらばらな無形の大衆が彼の命令によってそのつど形を与えられて動くロボット集団と化す点に求められる。ヒトラーは『わが闘争』の中で、「世界史上のすべての革命的大事件は、語られた言葉によってもたらされた」と語り、言葉の意義を誇張する。大衆は彼の演説に魅了されるとともに、彼自身も大衆から電流に触れたような衝撃を受ける。実際、「命令されることを嫌う者は、命令することを好む」と言われる。二〇世紀の独裁者ヒトラーにおいてもそうであり、彼は人々を大衆運動と戦争状態の中に巻き込み、逐一命令によって動く軍隊式の日々命令によって人々を操作する。このことをマックス・ピカートは次のように表現している。

彼〔ヒトラー〕は不遜にも、自己の周囲の人間たちだけではなく、自己自身をも創造した神ででもあるかのように自惚れて、得意であった。だが、彼は決して言葉によって世界を創造した神、また自身が言葉であった神ではなかった。彼は偶像――その正体が日々命令であるところの偶像――なのであって、日々命令の偶像として自己自身を創造し、日々命令の拝跪《はいき》者《しや》として人間たちを創造したのである。(26)

「日々命令」によって偶像としての自己を創造したヒトラーは、その命令によって人間とその集団とを、無形の混沌状態から一つの形や秩序を備えたものにまで、そのつど創造する。だが、ヒトラーがドイツに登場できたのは、民衆の心の中に、ある種の空白が生じていたからである。これまでキリスト教が長い年月にわたって導いてきた霊性が、空洞化の波に洗われていたこと、信仰の世俗化が進行しており、次第にキリスト教が力を失うにつれ、それに代わって哲学、歴史学、社会学、生物学の順に知的世界での支配権が交替していった(27)。しかし世俗化が進んでも、救済への希望は依然として生き続けており、知識人たちは宗教に代わって哲学のみならず、普遍史にも社会学にも救済を求めたのである。しかし、学問は信仰の対象ではない。どれもやがては偶像としての正体を暴かれ、その地位を失墜していった。そして、その過程の末尾に生物学が覇権を握ることになったと言えるだろう。こともあろうにそれは、「人種の優越」を誇る生物学主義的な世界観が一世を風靡し、ナチス一派がアーリア人種を最優秀民族として、ユダヤ人を抹殺するという人種理論の神話を登場させたのである。

この人種理論は、ヒトラーの覇権と支配の野望を支えた現代の神話なのだが、この神話と呪術が発生する地盤は先立つワイマール時代にすでに準備されていた。この時代をつぶさに体験したカッシーラーは、『国家と神話』において文化人類学者マリノフスキーの研究にもとづき、神話発生の根拠を解明する。神話が人間の社会感情や社会生活全体に浸透し、機能するには特別の理由があって、「人間が異常な、危険な状況に直面しなければならないときに、神話はそのまったき支配力をもつにいたる[28]」。それは人間の生来の能力ではまったく手に負えないように見える課題に直面する場合にのみ、あらわれてくる。「そして現代の政治的神話は、まさにそうした絶望的な手段であった[29]」。このような「最後の論拠」(ultima ratio)を人は、奇跡的な、神秘的なものの力に頼らざるをえなくなる。ヒトラーの第三帝国の神話はこうして要請され、大きな力を発揮するに至った。

この神話は「無形の大衆」というルサンティマンに冒された心情には、唯一の救いと映じた。

しかもこの救いは、神を自認する悪魔化した霊から生まれた神話の産物であり、これに対決する反撃の狼煙が上がる。そこにわたしたちは、「悪と対決する」現代の霊性のあり方を捉えることができる。それは社会正義の諸問題に注目することに始まる。この霊性の形態は、「預言者的・批判的パラダイム」と呼ばれる。[30] たとえばディートリヒ・ボンヘッファーやシモーヌ・ヴェイユの霊性形態にそれは表出されている。

(1) ボンヘッファーの場合

ボンヘッファー（Dietrich Bonhoeffer, 1906-45）は、一九三九年に講演に赴いたアメリカ合衆国に亡命する機会があったのに、すでに迫害と抑圧の嵐が吹き荒れていた、開戦前のドイツにすすんで戻った。それは彼が友人たちに語った言葉によれば、自国のキリスト教徒と試練をともにするためであった。彼は地下活動に従事したが、一九四三年にゲシュタポによって逮捕される。生涯の最後の二年間を刑務所で過ごし、そこから多くの手紙を書いて学生たちを霊的に指導した。その中で彼は、「非宗教的キリスト教」を説き、神への献身を訴えたが、そこには霊性思想が明らかに提示されている。

僕はここ数年の間に、キリスト教の深いこの世性というものをますます深く知りかつ理解することを学んだ。……キリスト者は、宗教的人間と言ったたぐいのものではなく、単純に人間なのである。僕の言うこの世性とは、教養人や活動家、不精者あるいは好色家の浅薄・卑俗なこの世性ではない。それは訓練を豊かに備えた深いこの世性であり、また、そこで死と復活との認識が常に現在的であるところの深いこの世性（Diesseitigkeit）であると僕は思う。ルターはそのようなこの世性の中に生きていたと信ずる。(31)

「自らをまったく神の御腕の中にゆだね、もはや自分の苦難を意に介せず、この世における神の苦難を真剣に考え、ゲツセマネのキリストとともに目をさましている」信仰によって、真に人間となる。これが彼の説く無宗教時代に生きる「深いこの世性」としての霊性であり、ボンヘッファーは、それによって死を恐れず悪魔と闘う献身を実現することができた。

(2) シモーヌ・ヴェイユの場合

ヴェイユ（Simone Weil, 1909-43）は、社会的・政治的な理由から学問と教育の場を離れ、一九三〇年代を通して社会的に活動した。一九四二年にはフランスからアメリカ合衆国にナチスの手を逃れ、その後ロンドンに赴いて、自由フランス政府のために働き、ナチス・ドイツに対するレジスタンス運動に参加した。その渦中に、結核と飢餓のため没する。彼女は『神を待ちのぞむ』

の中で、神への祈りと関連させて捉えた「注意力」という働きの中に霊性の機能を見いだす。「神を待ちのぞむ」の語は、ギリシア語ヒュポメネー（耐え忍んで）に由来する。それは絶望的な精神的状況にあっても、勇気をもって生き抜く預言者的な霊性である。

キリスト教的にいかに考えられるべきかという問題を解く鍵は、祈りが注意力をもってなされるということである。祈りは、たましいにとって可能なかぎりの注意力をつくして、神の方へ向かって行くことである。注意力の性質は、祈りの性質と、大へん深い関係がある。単に、心が熱するだけではそのおぎないになることができない。祈りがはげしく、純粋で、神との触れあいが実現するようなときには、ただ注意力のもっとも高い部分だけが、神とそのように触れあっている。(32)

ヴェイユのこの注意力を育てる努力は、霊的な神との触れあいに導き、プネウマ（霊）の力を完全に発揮できるように導いた。そこからは知性を導く霊的な光が与えられ、それをもって現代の最大の不幸を生み出した元凶であるヒトラーに宿る悪魔的な企ての姿を捕捉し、それと対決するに至ったのである。

終わりに

これまでわたしたちはヨーロッパのプネウマ物語を考察してきたが、なかでも最後のヒトラーとの闘争物語は、世界史上最大の悲劇をもたらした出来事であった。この悲劇は一九三〇年代に起こった一つの歴史物語というにとどまるものなのであろうか。しかしそこには、そのように歴史叙述の一コマに押し込めてしまうことの不可能な、簡単には処理できない問題が含まれているように思われる。この点を、わたしが若き日に経験したことから考察してみよう。

それは狂気とか激情が、悪魔的に支配するときに起こってくる恐るべき事態なのである。その恐ろしさは、実はそれが乗り移っている個人を破滅させるだけではなく、周囲の社会と後の世代全体とに魔の手がおよぶところにある。そこでヒトラーが喚起したドイツ的激情のあらわれであるアウシュヴィッツについて考えてみたい。多くのことがすでにアウシュヴィッツ強制収容所については語られてきたが、わたしがここで語りたいのは、この未曾有の出来事をほかならぬドイツ人が、しかも知的な大学生がいかに感じとり、何をわたしに語ったかということである。

一九六五年の春、わたしは寮生活をともにしていたドイツ人の学生たちに加わってチェコのプラハを過ぎ、ポーランドとの国境近くにあったアウシュヴィッツ強制収容所を見学した。それはよく知られているように今は記念館となって、昔の残酷な歴史の跡を刻みつけた姿を見せていた。わたしたちは記念館を見学し、アウシュヴィッツについて語り合う時間をもった。

ある学生は、「ドイツ人っていかに悪い奴かと、さぞ驚かれたでしょう」と言った。次の学生は、「実はわたしたちドイツ人のほとんどは、まったくこのようなことが行われているのを知らなかったのだ。なにしろここはポーランドなのだから」と弁解した。しかし、わたしの親しかった友人は、「ドイツ人だけが悪いのではない。ソ連兵だってベルリンで同様のことをやったではないか」と居直って激しく反論した。

わたしはこの三人の学生が語った言葉の中に、ドイツ人の心がよくあらわれていると思った。ドイツ人たちはアウシュヴィッツという現実を悪として認めながら、一人は知らなかったのだから罪ではないと弁解する。また別の一人は誰でも戦争ともなれば、このような野蛮な行為をするものであると激しく反論する。わたしはこの最後の点に、ドイツ的激情を感じて戦慄したのである。

アウシュヴィッツは今なおドイツ人の中にあるし、わたしたちのあいだにもいたるところにある。

ると言える。「世界史における偉大な出来事は情熱なしに生じたことはない」とヘーゲルは言ったが、情熱が激情となり、やがて野蛮な行動とならない保証はどこにもない。「大胆に罪を犯し、大胆に悔い改める」というのがルター的信仰であり、ドイツ的生き方であろう。だが、そのような激情を秘めた生き方はドイツ人の生活の中に浸透していて、きわめて危険な状態をたえず引き起こしていることも、日常的に経験する事実である。そしていずれもその根底に流れているのは悪魔的な激情である。理性はこの激情的な力をコントロールし、調和をもたらすために要請されるのだが、かえって激情のために自らを「情婦なる理性」(ルター)に貶めてしまう不幸をもたらす。

しかし、ドイツ人が真に偉大であると言えるのは、この内なる悪しき力との闘争を真剣に追求することにおいてである。悪しき力との闘争は自己の激情との闘いでもある。そして、そこで闘っているのは霊性と激情なのではなかろうか。本書において、霊性のさまざまなあらわれを、古代から近現代まで、思想史を貫くものとして探求してきたのも、その秘かな狙いの一つは、霊性と激情との関係如何という問題の解明にあった。霊性と激情とは相互補完的な関係にあるのか、それとも反発し合う関係にあるのか。霊性のあらわれに伴走するかのように登場する悪魔的なるもの、それは霊性と激情とのどのような関係から湧き出してくるものなのか、といった問題である。

霊性とは、聖者や賢者、預言者や高僧たちにのみあるものではない。それが発現するかどうかは別として、誰の内にも存在する。同様に、激情もまた暴君や独裁者にのみ備わった資質とは言えない。パウロに激しい熱情はなかったか、ドストエフスキーに賭博へのやむにやまれぬ欲情はなかったか。霊性と激情は、時に絡まり合い、支え合うようにして、精神史に刻まれている。本書において古代から現代まで追ってきた「霊性の証言」は、見えづらく、聞き取り難いかたちであるにしろ、折々に発現し続ける霊性の水路は、間違いなく現代を生きるわたしたちの足元にも届いていることを語っている。いささか、痩せ細り、涸れかけた姿でかもしれないが、霊性はいつでも、どこでも、誰にでも発現しうる。問題は、そんな霊性の流れをいかにして育てていくかである。

たとえば激情を単に否定しようとするストア的な倫理は、激情の激しさを知らない空論にすぎない。戦争が悪であることは誰にでもわかっている。ところが欲望や激情に目が眩むと、そこに予想される悲惨な結果が見えなくなる。激情の波に捕らえられて過去に目を閉ざすものは、歴史や物語から何も学んでいないことになる。激情の中には悪しき霊が猛威をふるって、わたしたちの霊を苦しめている。だからこそ、わたしたちは自らの霊を正しく導かねばならない。プラトンが「激情的な愛エロース」を「知恵への愛フィリア」へと転換させたように、わたしたちは欲望や情念を正しく導かねばならない。あるいはイエスの周囲に生じたように、弟子たちの心が激しく燃えて天国を希求したり、あるいは純粋に宝を天に積もうとするのであれば、その種の激しさはとても有意義であろう。いずれにせよ、わたしたちの心の深みである霊を正しく導く方法が探求されなければならないのである。

注

序　物語による霊（プネウマ）の証言

（1）人間の心のもっている機能として理性や感性と一緒に、精神もしくは霊性の働きが考えられてきた。「精神」（Geist）は人間の行動一般を導く作用として考えられてきたのであるが、同じ精神は宗教心を意味するときには「霊性」と言われる。これまでわたしは、霊性を信仰心として人間学的に考察してきた。なかでも霊性・理性・感性からなる人間学的な区分法にしたがって、霊性の特質をヨーロッパ思想史から考察してきた。そして、霊性は理性と結びついて、豊かなヨーロッパ霊性思想を生み出した、という結論に至っている。この点について、詳しくは金子晴勇『キリスト教霊性思想史』教文館、二〇一二年を参照してもらいたい。

（2）マックス・シェーラー『人間における永遠なもの』下巻、亀井裕他訳、シェーラー著作集第七巻、白水社、一九七八年、二八一頁。

（3）ポール・リクール『時間と物語』第三巻、久米博訳、新曜社、一九九〇年、四四八頁。なお、この書では歴史が物語として現象学的に考察される。

（4）リクール、前掲訳書、四五三頁。

第一章　古代ギリシア・ローマの守護霊

（1）ミルチャ・エリアーデ『神話と現実』中村恭子訳、エリアーデ著作集第七巻、せりか書房、一九三七年参照。

(2) ギルバート・マレー『ギリシア宗教発展の五段階』藤田健治訳、岩波文庫、一九四三年、一六―一七頁。

(3) 古代ギリシアでは「霊」概念は多様に表現されていた。

(4) ホメロス『オデュッセイア』上巻、松平千秋訳、岩波文庫、一九九四年、二五九―二六〇頁。

(5) J・B・ラッセル『悪魔――古代から原始キリスト教まで』野村美紀子訳、教文館、一九八四年、一四三―一四四頁。

(6) 同書、一四三頁。

(7) E・R・ドッズ『ギリシア人と非理性』水野一訳、みすず書房、一九八六年、一三頁。

(8) アガメムノンの出来事がそのよい例である。彼は愛妾の喪失感を埋め合わせようとして、逆上し、アキレスからその愛妾を奪い取った。この事件について、アガメムノンは後に次のように言明した。「わたしが責めを受くべきではない。わたしではなく、ゼウス、モイラ、暗闇をさまようエリーニュエスである。彼らが、集会で、わたしの心の中に、獰猛なアーテー〔狂気〕を投げ入れたのだ」(ホメロス『イリアス』下、松平千秋訳、岩波文庫、一九九二年、二三二頁)。

(9) ドッズ、前掲訳書、四六頁参照。

(10) 『イリアス』の第九巻に、この教説のヒントがある。ここで、アガメムノンは、自分のアーテーをゼウスの企んだ悪しき瞞着と呼んでいる(一一行)。

(11) アイスキュロス『慈しみの女神たち』呉茂一訳、『ギリシア悲劇1』ちくま文庫、一九八五年、二七九頁。

(12) アガメムノンの妻、クリュタイムネストラの興奮した妄想にとっては、エリーニュエスのみならずアーテー自身もまた人格的な悪霊であり、彼女は自分の夫を殺害して、これらの悪霊にそれを人間の生け贄として奉献した。いや、彼女には自分が人間としての人格を失い、悪霊の中に沈みこみ、その代理人や道具となってアガメムノンの殺害に走ったのだと感じられたのである。これは正確には普通の意味での「魔に憑かれた」場合ではなく、むしろ何か別なものによると思われる。
(13) ソポクレス『オイディプス王』藤沢令夫、岩波文庫、一九六七年、六一—六七頁。
(14) 同書、九八頁。
(15) 詳しくは齊藤伸『カッシーラーのシンボル哲学——言語・神話・科学に関する考察』知泉書館、二〇一一年、五五—六六頁参照。
(16) プラトン『ソクラテスの弁明』田中美知太郎訳、『プラトン名著集』新潮社、一九六三年、四三—四四頁。
(17) 同書、六三—六四頁。
(18) プラトーン『饗宴』森進一訳、新潮文庫、一九六八年、八一—八二頁。
(19) プロティノス『エネアデス』3・5・4参照。
(20) ラッセル、前掲訳書、一四三頁。
(21) ウェルギリウス『アエネーイス』第六歌、724-751, 岡道男・高橋宏幸訳、京都大学学術出版会、二〇〇一年、二八四—二八六頁。
(22) Virgil in two volumes, the Loeb classical Library, vol. 1, No.63, p. 558, note 1を参照。
(23) 古代マケドニアの都市。この地でアントニウスとオクタビアヌスの連合軍がブルートゥスを破った。
(24) プルタルコス「ブルートゥス」48, 1.
(25) Erasmus, Ausgewählte Schriften, 3d. 7, S. 362-367. エラスムス『格言選集』金子晴勇編訳、知泉書館、二〇一五年、二〇—二四頁。
(26) プルタルコス「アントニウス」33, 1.
(27) Naevius, 前二七〇年頃—前二〇一年、ローマの詩人・劇作家。作品の中で高官たちを攻撃した。

（28）Don. Ter. Phorm. 74（=Naev. com. 70）.

（29）ペルシウス（Persius）、六二年没、ローマの詩人、『諷刺詩』を著わす。

（30）ペルシウス『諷刺詩』4, 27

（31）ホラティウス『諷刺詩』2・7・14. ウェルトゥムヌスは元来エルトリア人の神で、ローマ人はラテン語の「ウエルト」（変わる）に結びつけて変化の神と見なした。

（32）ホラティウス『カルミナ』4・5・1.

（33）ウェリギリウス『アエネーイス』3・116.

（34）ウェリギリウス『農事暦』4・6.

（35）ホラティウス『詩論』385参照。

第二章　聖書の霊性物語

（1）ここでの始原の海（tehom）は、フォン・ラートによると言語的にティアマト（tiamat）と同義語である。

（2）ルーアッハは、総例三八九のうち一一三例が自然力である風を意味している。また神に関して一三六回用いられ、人間と動物、また偶像には一二九回にすぎない。したがってこの概念は神学的・人間学的概念として扱わなければならない（H・W・ヴォルフ『旧約聖書の人間論』大串元亮訳、日本基督教団出版局、一九八三年、七九頁）。

（3）マックス・ヴェーバー『古代ユダヤ教』第1、内田芳明訳、みすず書房、一九六二年、六頁。

（4）サンダルの意味は、他人の土地を占有しようとする靴である（『ルツ記』四章七節）。

（5）マルティン・ブーバー『預言者の信仰』1、高橋虔訳、ブーバー著作集6、みすず書房、一九六八年、五五頁を参照。

(6)「二人の男が同じ町に住んでおりました。一人は裕福で、多数の駄獣や羊、雄牛などをもっていましたが、他は貧しく、一頭の雌の仔羊だけが全財産でした。この貧しい男は、自分の子供たちと一緒に仔羊を育て、食事をともにするのはもちろんのこと、仔羊にわが娘同様の深い愛情を注いでおりました。あるとき、富める男の所へ一人の客がありました。男は友人をもてなすのに、自分の家畜の一頭を屠るのを物惜しみし、家僕をやってその貧しい男から仔羊を取り上げ、それで客の料理を準備しました」。このようにヨセフスは『サムエル記下』一二章一―四節をわかりやすく述べている。

(7)このナタンの話は、フラウィウス・ヨセフス『ユダヤ古代誌』2、秦剛平訳、ちくま学芸文庫、一九九九年、二七二―二七八頁によっている。

(8)マックス・シェーラー『人間における永遠なるもの』上、小倉貞秀訳、シェーラー著作集第六巻、白水社、一九七七年、八八―八九頁。

(9)イマニュエル・カント『実践理性批判』と『宗教論』および、エミール・デュルケム『宗教生活の原初形態』参照。詳しくは金子晴勇『聖なるものの現象学』世界思想社、一九九四年、一二―一五頁を参照。

(10)ラッセル、前掲訳書、一八五―一八六頁。したがってヘブライ人は一神論にとどまりながら、同時に無意識に二元論へと向かっていった。ヤハウェは全能であり、全面的に善であって、悪はその本性と無縁である。だが悪は存在する。この悪の存在を説明しようとすれば、どうしても二元論へ向かわざるをえなかった。

(11)H・ワインシュトック『ヒューマニズムの悲劇――西洋的人間像における真と偽』樫山欽四郎・小西邦雄訳、創文社、一九七六年、四四五頁。

(12)一つの例をゲーテの『ファウスト』からとってみよう。悪魔はファウストの内なる欲望を刺激して誘惑するが、責任はどこまでもファウスト自身にあるように誘う。したがってこの試練はファウストの内心から出たもので、悪魔は誘惑者にすぎない。しかし悪魔はグレートヒェンを誘惑できない。清純な愛はとり入る隙を与えないから、彼女はただファウストに誘われて罪に陥るため、これは外発的試練となる。

（13）『マタイ福音書』四章一―一一節参照。

（14）わたしたちは自分の理性によっては制御できないある力によって導かれている。仕事に熱心な人には勤勉の霊が、政治的野心に燃えている人には権力志向の霊が、お金を蓄えている人にはマモン（財神）の霊が、女性を求める人にはドン・ファンの霊が乗り移っている。

（15）この奇跡物語には「欺かれた悪魔」というグノーシス的思考があって、それにもとづいて原型が作られていると説く注解者がいる。イエスとの会話の中で、悪魔は自分の名前がレギオンであるともらしてしまう。名前を知られることは霊に対する支配権の確立となるから、悪魔は結局欺かれて滅亡せざるをえなくなる。イエスの十字架そのものがユダの欺きによるが、この欺きによって逆に悪魔が欺かれて十字架によって滅びるというテーマがこの物語にあるという。

（16）長血の女と会堂司ヤイロの娘に起こった奇跡物語も、奇跡そのものよりも、これを通して開かれてくるイエスとの出会いの出来事こそいっそう根源的意味をもっている。イエスは信仰によって癒しを得た女を探し求めている。イエスは信仰の交わりを求めて、対話に入り、神の祝福の言葉を与えることによって、神との交わりの意義を教えようとする。これこそ奇跡に優る重要事である。

（17）マックス・シェーラー『ルサンティマン――愛憎の現象学と文化病理学』林田新二訳、シェーラー著作集第四巻、白水社、一一九頁。

（18）Luther, WA. 7, 25, 26-26, 7.

第三章　キリスト教古代と中世

(1) Sermo IX, MPL 198, 1747. ジャン・ルクレール『修道院文化――学問への愛と神への希求』神崎忠昭・矢内義顕訳、知泉書館、二〇〇四年、二五四頁における引用に拠る。

(2) ルクレールは、これをロンバルドゥスの命題集の序文とベルナールの『雅歌の説教』第一説教と比較して論じている。ルクレール、同書、七―一〇頁参照。

(3)『砂漠の師父の言葉――ミーニュ・ギリシア教父全集より』谷隆一郎・岩倉さやか訳、知泉書館、二〇〇四年、一二頁。

(4) ヤコブス・デ・ウォラギネ『黄金伝説』1、前田敬作・今村孝訳、人文書院、一九七九年、二四四―二四五頁。

(5) アタナシオス『アントニオス伝』小高毅訳、中世思想原典集成1『初期ギリシア教父』上智大学中世思想研究所編訳・監修、平凡社、一九九五年、七七八頁。

(6) ラクタンティウスは『神の労作』(De opificio dei) と『神の怒り』(De ira dei)『神聖な教義』(Divinae institutiones) およびその要約『神聖な教義の要約』(Epitome divinarum institutionum) といった作品を著した。

(7) ラクタンティウス『神聖な教義』II, 8.

(8) テクストはLactantii Opera Omnia 2 Vols. paris, 1844を使用する。

(9) ラクタンティウス『神の労作』16, 4 : 16, 12.

(10) ラクタンティウス、前掲書 17, 1.

(11) ラクタンティウス、前掲書 17, 9.『神聖な教義』2, 12, 5: 7, 12, 10

(12) Marbach, Die Psychologie des F. Lactanz. Hall, 1891, S. 20.

(13) ラクタンティウス『神の労作』1, 11.

(14) ラクタンティウス『神聖な教義』7, 12, 10.

(15) ラクタンティウス、前掲書 2, 12, 3.

(16) ラクタンティウス、前掲書 7, 20, 11.

(17) ラクタンティウス、前掲書 2, 5, 12ff

(18) ラクタンティウス、前掲書 2, 12. 10f

(19) ラクタンティウス、前掲書 II, 8.

(20) ラクタンティウス、前掲書 V, 7.

(21) ラクタンティウス『神聖な教義の要約』(Epitome divinarum institutionum), 29.

(22) ラクタンティウス、前掲書 2, 3, 23f この神によって伝達され、手渡された真理をラクタンティウスは『神の教義』の第四巻「真の知恵と宗教」、第五巻「正義」、第六巻「真の礼拝」、第七巻「幸福な生活」にわたって叙述している。

(23) アウグスティヌス『告白録』7・10・16

(24) アウグスティヌス『神の国』8・17・2

(25) アプレイウスの『ソクラテスの神』についてはApuleius, On the God of Socrates. in : The Works of Apuleius, 1876. を参照。

(26) アウグスティヌス『神の国』9・19

(27) アウグスティヌス『神の国』8・14・2 参照。

(28) 本書、第一章3節、三五頁参照

(29) 詳細はR・L・ウィルケン『ローマ人が見たキリスト教』三小田敏雄ほか訳、ヨルダン社、一九八七年、一六一以下頁参照。

(30) ピエール・リシェ『聖ベルナール小伝』(稲垣良典・秋山知子訳、創文社、一九九四年)は、ベルナールの内面的な姿をよく捉えている。詳細な伝記としてはP. Dinzelbacher, Bernhard von Clairvaux. Leben und Werk des berühmten Zisterziensers, 1998があり、思想の紹介としてはJean Leclercq, Bernard of Clairvaux and The Cistercian Spirit, 1976が最良のものであり、神秘思想の研究ではGilson, The Mystical Theology of Saint Bernard, 1955が優れている。

(31) ジャン・ルクレール「中世の霊性」岩村清太他訳、『キリスト教神秘思想史2』上智大学中世思想研究所編訳・監修、平凡社、一九九七年、二八四頁。

(32) ドニ・ド・ルージュモン『愛について――エロスとアガペ』鈴木健郎・川村克己訳、岩波書店、一九五九年。この時代には男女の自由な相互的な愛の中で、女性を高貴な存在として崇め、憧れの女性に対して熱烈で謙虚な愛を捧げる愛の新しい姿が認められる。それは宮廷を中心に騎士の間に生じてきた「女性への献身」という愛の新しい形態に結実し、ルージュモンはこれを「ヨーロッパ的な愛」と呼んだ。

(33) クレルヴォーのベルナール『神を愛することについて』金子晴勇訳、キリスト教神秘主義著作集2、教文館、二〇〇五年、五一―五二頁。

(34) 金子晴勇『愛の思想史――愛の類型と秩序の思想史』知泉書館、二〇〇三年、五四―六四頁参照。

(35) ビンゲンのヒルデガルト『神の業』I.1. 引用は、H・シッペルゲス『ビンゲンのヒルデガルト――中世女性神秘家の生涯と思想』熊田陽一郎・戸口日出夫訳、教文館、二〇〇二年、五六頁から。

(36) ヒルデガルト、前掲書I,2. 同書、五六―五七頁。

(37) それに続いて、次のように言われる。「緑なす若芽の力(viriditas)から花々は開き、花々から果実が生まれる。雲はその道をたなびいてゆく。月輪と星辰は火のような力のうちに炎をあげる。乾いた木は若芽のうちに新たな花々を勢いよく開かせる。水は空気のように軽やかに湧き上がり、河川に注ぎこむ」。

(38) 伝記には、ゴットフリートとテオーデリヒ『聖女ヒルデガルトの生涯』久保博嗣訳、荒地出版社、一九九八年があり、優れた研究としてはシッペルゲス、前掲訳書がある。

(39) この書には、他の著述家からの端的な引用はないが、その内容は明らかに教父の思想や修道院神学の影響を受けている。彼女がどれほど原典を直接参照したかを確証する手段はないが、少なくとも彼女がいわゆる「詞華集」(florilegium)を所持していたことは考えられる(中世思想原典集成15『女性の神秘家』上智大学中世思想研究所編訳・監修、平凡社、二〇〇二年、四四頁参照)。

(40) アッシジのフランチェスコ『聖フランチェスコの小さな花』田辺保訳、教文館、二〇〇六年、二三五—二三六頁。

(41) 著作にはThe Writings of St Francis of Assisi,trans. by B. Fahy, 1963, The Word of St. Francis, compiled and arranged by J. Meyer,1966がある。伝記としては古くは『聖フランチェスコの小さな花』前掲訳書、ポール・サバティエ『聖フランシスの完全の鏡』久保正夫訳、新潮社、一九一九年、ポール・サバティエ『アッシシの聖フランチェスコ伝』江村寛一・齊籐勇訳、日本基督教興文協会、一九一五年、イエンス・ヨルゲンセン『アシジの聖フランシスコ』永野藤夫訳、講談社、一九七七年が有名である。

(42) ヨルゲンセン、同書、三三六—三三七頁。

(43) 高橋亘『西洋神秘主義思想の源流』創文社、一九七一年、二一四頁からの引用。

(44) 『聖フランチェスコの小さな花』前掲訳書、四四頁。

(45) 同書、二四〇頁。

(46) ダンテ『神曲』平川祐弘訳、世界文学全集3、講談社、一九八二年、二八頁。

(47) 同書、二八―二九頁。

(48) 同書、三一九頁。

(49) E・R・クルティウスは『ヨーロッパ文学とラテン中世』(南大路振一他訳、みすず書房、一九七一年)の中で、ダンテとウェルギリウスとの出会いについて次のように言う。「『神曲』の構想はウェルギリウスとの精神的出会いを基礎にしている。ヨーロッパ文学の範囲では、この現象に比較しうるものは少ない。一三世紀におけるアリストテレス復活は数世代の仕事であり、知的研究の冷たい光のなかに成就した。ダンテによるウェルギリウス復活は、一つの偉大な魂から他の偉大な魂に架かった炎のアーチであり、ヨーロッパ精神の伝統はこれほど感動的な高さ、優しさ、豊かさをもつ状況を知らない」。

(50) 多用される比喩と隠喩が難解であるのみならず、背景にある当時の政治と思想、さらに自然学とが簡単な理解を阻んでいる。しかし、短い言葉で表現されている人間性の理解がきわめて深く、自然描写も美しい。

(51) ダンテとベルナールとの関係について、詳しくはEdmund Gardner, Dante and the Mystics A Study of the mystical Aspect of the Divina Commedia and its Relations with some of its mediaeval Sources, 1912, pp. 111-143を参照。

(52) Beguinage とは「ベギン会修道院」の意味である。

(53) フィリペンの学説については国府田武『ベギン運動とブラバンドの霊性』創文社、二〇〇一年、九七頁以下を参照した。

(54) フィリペンは、ベギナージュは社会的・宗教的な社団として機能したという前提に立っている。彼はまた他の著書で、ベギンの身分は当時から修道生活の代替物ではなく、ベギンが初期のキリスト教徒の使徒的生活様式に愛着を覚えていることを指摘している。

(55) 最初の六巻を執筆したのは、一二五〇年から六五年の間のことである。第七巻はこれより後で、ヘルフタにいた頃のもの（一二七一―八二年）である。メヒティルトにはラテン語の素養が皆無であって、ラテン語版は一二八〇年頃、ハレのドミニコ会修道院で造られた。原典は低地ドイツ語であり、高地ドイツ語の校訂本（一三四三／四五年）、およびラテン語の訳本のみ現存する

(56) メヒティルト・フォン・マクデブルク『神性の流れる光』第七巻第三章、キリスト教神秘主義著作集第4巻1「中世の女性神秘家1」植田兼義訳、教文館、一九九六年、二五九頁。

(57) 同書、一二頁。

(58) 同書、三六―三七頁。「根底のない願望」とは、「底知れない願望」か「なぜなしの願望」を意味する。

(59) それゆえ引用文の「あなたはすべてを捨てなさい」は、キリスト教神秘思想史2『中世の霊性』（平凡社、一九九七年、五五八頁）にあるように「汝自身を脱ぎ捨てよ」と訳すことができる。

(60) ジェルソンは、ラインラント神秘主義やリュースベルクに対してはっきりと不信の念を表明した。そして古い教父的伝統、とりわけディオニシオス・アレオパギテース、アウグスティヌス、ベルナール、ボナヴェントゥラ、トマス・アクィナスの教えを尊重し、一四世紀以前の修道院的中世の伝統との調和を求めた。

(61) ヨハン・ホイジンガ『中世の秋』下巻、堀越孝一訳、中公文庫、一九七六年、四七頁。

(62) Gerson, Oeuvres completes ,ed. P.Glorieux, 1960, 7, 1, 301-16.Treatise Against The Romance of the Rose ,in: Jean Gerson Early Works, trans. by B.P. McGuire, 1998, pp.378-398を参照。

(63) ジェルソンは神学の改革をめざして『神学部の改革に関する覚え書き』（一四〇〇年）を書き、思弁的・知的神学を排し、霊的・司牧的神学を重視した。彼の霊性思想は『魂の霊的生活』や『神秘神学』など霊的生活に関する六六冊の著作にもあらわれている。

(64) Jean Gerson, De mystica theologia, ed. Andre Combes, Tractatus primus speculativus, p.113.

（65）Gerson, De mystica theologia, cons. 28, p.72.
（66）J. Gerson, op. cit., cons. 41, p.110.
（67）Gerson, op. cit., cons. 41, p.105.
（68）Gerson, op. cit., cons. 41, p.112. この秩序的な合一の思想について次のようにも語られている。さらにジェルソンは、このような平和な魂の状態が聖霊の働きと祈禱とによって得られると繰り返し説いてる。
（69）Gerson,De mystica theologia,Tractatus secundus practicus,cons.12,p.216.

第四章　ルネサンスと宗教改革

（1）D. Erasmus, ASD IV, 3, 71.
（2）デジデリウス・エラスムス『痴愚神礼讃』渡辺一夫・二宮敬訳、世界の名著17、中央公論社、一九六九年、九四頁。
（3）同書、八四頁。
（4）同書、一〇〇頁。
（5）初期の代表作である『エンキリディオン』は、ある放蕩無頼の武器製造人の妻からの要請によって書かれたのであった。「エンキリディオン」というギリシア語は「手引き」や「必携」の意味だけでなく、「小刀」や「短刀」の意味をもっている。それはこの武器をもって悪徳や罪と闘うことをめざしていた。
（6）エラスムス、前掲訳書、一八三頁。
（7）同書、一八八頁（訳文は一部変更）。
（8）Martin Luther, WA. 18, 635＝CL 3, 126, 23-28.
（9）Luther, WA. TR. 1, 122.

（10）Luther, WA. 40 I, 134.
（11）Luther, WA. 40 II, 98, 31-34.
（12）Luther, WA. 40 I, 320, 19.
（13）Luther, WA.1, 160, 15-17.
（14）Luther, ibid., 193, 30-32.

第五章　近代文学における霊性物語

（1）E.Troeltch, Gesammelte Schriften, Bd.III, 1922, S.16.
（2）セオドア・K・ラブによれば、一七世紀の後半に全ヨーロッパ史の進展における「深い溝」が生じた。ここから人間の根本的に新しい態度が、「宗教的な不寛容の後退」よって生じた。その出来事の中に人間の新しい理解が、とりわけ宗教的な非寛容の放棄ということに特徴づけられる態度と理解とが認められる（ラブの学説については、W・パネンベルク『近代世界とキリスト教』深井智朗訳、聖学院大学出版会、一九九九年、五二―五四、一〇三―一〇四頁参照）。
（3）J・B・ラッセル『メフィストフェレス――近代世界の悪魔』野村美紀子訳、教文館、一九九一年、六四頁。
（4）W・シェイクスピア『ハムレット』第三幕第一場の言葉。
（5）J・ミルトン『失楽園』上、1・1-6, 平井正穂訳、岩波文庫、一九八一年。
（6）同書 5・664-669.
（7）同書 5・776.
（8）同書 9・163-171.

（9）C・S・ルイス『ミルトン『失楽園』の研究』大日向幻訳、叢文社、一九八一年、一二六―一三八頁。
（10）アウグスティヌス『神の国』XIV・11.
（11）ミルトン、前掲訳書9・703-4.
（12）同書9・340-357.
（13）こういうわけで「残念ながら、次に続く部分はミルトンの失敗の一つである」との批判も出てくる。つまりC・S・ルイスは、アダムは頭の良い、警句好きの、やくざ者たちの父であり、エバは人を堕落させる女流小説家たちの母となって、わたしたちの間にいるようだ。彼らはともに社会によく見かける人間らしくなると言う（ルイス、前掲訳書、一二三四頁）。
（14）ミルトン『楽園の回復』4・562.
（15）ジョン・バニヤンは、『福音の真理の展開』（一六五六年）および『福音の真理の擁護の展開』（一六五七年）を書いた。さらに彼は説教から着想を得て、『地獄からのわずかな嘆息、すなわち堕落した魂のうめき』を出版した。一六五九年には初期の神学的力作『律法と恩恵の教義の展開』が出版された。
（16）深山祐『バニヤンの神学思想』南窓社、二〇一一年、一五一頁からの引用。
（17）バニヤン『律法と恩恵の教義の展開』の序文The Epistle to the Reader, op. cit. pp.17-18.
（18）深山祐、前掲書、一五三頁。
（19）バニヤン『罪びとのかしらに溢るる恩寵』高村新一訳、バニヤン著作集第1、山本書店、一九六九年、九五―九六頁。
（20）ルターはこれを「欣喜雀躍」（überschwenglich）という表現で語っている。ここにリクールの言う「超過の論理」（logic of superabundannce）としての独自の霊性論理が見られる。これについては金子晴勇『現代ヨーロッパの人間学』知泉書館、二〇一〇年、一六七―一六八頁参照。

(21) マックス・リューティ『昔話の本質』野村泫訳、ちくま学芸文庫、一九九四年、二一―三頁。
(22) 同書、同頁。
(23) ゴットホルト・レッシング『賢人ナータン』篠田英雄訳、岩波文庫、一九五八年、一七―一九頁。
(24) 「さあ、もういい。だが信心深い夢想というものは、善行よりもずっと造作のないものだということが判ったろうね。心のきりっとしない人間に限って、信心深い夢想に耽りたがるものなのだ。ときには自分でもそういう下心に気付いていないことはあるかも知れないが」(レッシング、前掲訳書、二四―二五頁)。
(25) 安酸敏眞『レッシングとドイツ啓蒙――レッシング宗教哲学の研究』創文社、一九九八年、一九七頁参照。
(26) ヨハン・ヴォルフガング・フォン・ゲーテ『ファウスト』悲劇第一部、手塚富雄訳、中公文庫、一九七四年、三六頁。以下は同訳書による。
(27) このような外発的な攻撃性が、ルターの悪魔的な試練の特質であったし、誠心誠意を尽くして真実の歩みをしている者が突如として襲われる苦難は、旧約聖書の義人ヨブと同じ経験であって、人間的生の可能性を一方的に絶滅させるため、これを克服する力を人は自己の外に、しかも永遠者への信仰に求めざるを得ない。
(28) ゲーテ、前掲訳書、一二五頁。

第六章　現代思想における霊性物語

(1) フョードル・ドストエフスキー『悪霊』下、江川卓訳、新潮文庫、二〇一七年、六九三頁。
(2) 同書、六六二―六六三頁。
(3) 同書、六五六―六五七頁。
(4) Martin Luther, W.A. 56, 442.

(5) セーレン・キルケゴール『死にいたる病』桝田啓三郎訳、世界の名著四〇、中央公論社、一九六六年、四三五—四三六頁。
(6) 同書、四三六—四三七頁。
(7) 同書、四四二頁。
(8) マックス・ヴェーバー『職業としての学問』尾高邦雄訳、岩波文庫、一九五九年、七〇—七三頁、訳文は全面的に改訳した。
(9) マックス・ヴェーバー『プロテスタンティズムの倫理と資本主義の精神』大塚久雄訳、岩波文庫、一九八九年、三四四—三四五頁。
(10) 同書、三五一頁。
(11) 同書、三五五頁。
(12) 同書、三六四—三六六頁。
(13) アーデルベルト・フォン・シャミッソー『影をなくした男』池内紀訳、岩波文庫、一九八五年、一九—二〇頁。
(14) リュシアン・レヴィ・ブリュール『未開社会の思惟』上、岩波文庫、一九八三年、九四頁。
(15) マックス・リューティ『昔話の本質』野村泫訳、ちくま学芸文庫、一九九四年、二三五頁参照。
(16) マックス・シェーラー『ルサンティマン——愛憎の現象学と文化病理学』津田淳訳、北望社、一九七二年、三一—三二頁。
(17) 同書、一〇八頁。
(18) 同書、八頁。
(19) 同書、三二頁。

(20) 同書、三八頁。
(21) 同書、五〇頁。
(22) 同書、一〇八頁。
(23) マックス・シェーラー『人間における永遠なるもの』下、シェーラー著作集7、白水社、二〇〇二年、二八一頁。
(24) 同書、二七九頁。
(25) D・シュヴァニツ『ヨーロッパ精神の源流――その栄光と挫折と教訓の探求』小杉尅次訳、世界思想社、二〇〇六年、二七九頁。もちろんそこには、ヒトラーの狂信的論理と言えるユダヤ民族排除の法律「アーリア条項」が導入され、この組織を使ってアウシュヴィッツで典型的に実行されたような恐るべきユダヤ人絶滅が実行に移されたのである。
(26) マックス・ピカート『われわれ自身のなかのヒトラー』佐野利勝訳、みすず書房、一九六五年、七八頁。
(27) 金子晴勇『近代人の宿命とキリスト教――世俗化の人間学的考察』聖学院大学出版会、二〇〇一年、一九二―一九五頁参照。
(28) エルンスト・カッシーラー『国家の神話』宮田光雄訳、創文社、一九六〇年、三六八頁。
(29) 同書、三六九頁。
(30) P・シェルドレイク『キリスト教霊性の歴史』木寺廉太訳、教文館、二〇一〇年、二四三頁。詳しくは金子晴勇『キリスト教霊性思想史』教文館、二〇一〇年、五二三―五二八頁参照。
(31) ディートリヒ・ボンヘッファー『抵抗と信従』倉松功・森平太訳、新教出版社、一九六四年、二六〇頁。
(32) シモーヌ・ヴェイユ『神を待ちのぞむ』田辺保・杉山毅訳、勁草書房、一九六七年、八五頁。

あとがき

ここに「霊性の証言」として集められた物語は、ヨーロッパ人たちが捉えたプネウマを紹介したものである。プネウマは、もと神の力を表すものとしての自然力である「風」を意味した。それはメソポタミアやギリシアの創成神話に見られる、荒ぶる神々の力であり、旧約聖書『創世記』では神が「土の塵で人を形づくり、その鼻に命の息を吹き入れられた」と語られる「命の息」（ヘブライ語では「ルーアッハ」）であった。やがてそれは、神の霊や人間の霊をも意味するようになる。

神と出会ったとき、旧約聖書の登場人物、エリアやヨブたちが経験したように、彼らは神を大自然の威力である「風」や「声」として、自分に働きかけてくる強い作用として、まさに生き生きとそれを感じたし、また人と人との出会いとかかわりの中にも吹き上げてくる力として感じ取っていた。

生きとし生けるものが、自分に宿る力の証しであり、また自分を押しつつんでくる力からの励ましとして、古来受け取っていた働き、それがプネウマだと言えるのではないだろうか。

たとえば、それは「どっどど どどうど どどうど どどう青いくるみも吹きとばせすっぱいかりんも吹きとばせ」（宮澤賢治『風の又三郎』）の力強い調べが伝えているものであるかもしれないし、また、堀辰雄が訳し、小説の主題とした、ポール・ヴァレリーの詩句「風立ちぬ、いざ生きめやも」の生きづらさを呑み込んで、今立ち上がろうとさせる力でもあるに違いない。

わたしはヨーロッパの思想史を長きにわたって学んできたが、その関心の中心にあったのはいつも人間であった。人間とは何か。人間には何が、どこまで許されているのか。人間の条件の踏みはずしは、何に由来して起こるのか。そして、人間の語られざる可能性はどこにあるのか。こうした問いを携えて、思想史に刻まれている膨大な営みに分け入ってきたと言ってもよい。

やがてわたしは、「人間学」の確立をめざすようになった。そのとき見えてきたのは、人間の理性や感性についての研究はこれまでもよくなされ、大きな蓄積となっているが、人間の心の最深部に宿る「霊」とその働きである「霊性」の研究が、とりわけわが国ではまったく欠けているということであった。

この領域の探求はしかし、概念と論理、つまり理性をもって辿る歩みでは不十分である。壮大な神学的・哲学的体系をなすと見える思想も、初発のところでは強い情念や不可解とも言える衝動を隠していることが多い。かえって自分を突き動かしているものが謎であり、見えないからこそ、体系は綿密で壮大な伽藍となるのであろう。

人間学は、人間が紡いできた思想のはじまりにあった出来事を問わないわけにはいかない。それが人間の「霊」の意義とその働きである「霊性」を探求するということにほかならない。そしてその作業は、生きた人間の物語を再生することへと向かわざるをえなかった。物語に息づいている、目には見えない人間への外と内からの働きかけを捉えようとするのである。

この書では、ヨーロッパの文学と思想には無限と思われるほど埋蔵されている「プネウマ物語」のいくつかを掘り起こしてみた。霊性の意味は、理性によって抽象的に考察されるよりも、物語に耳を澄ますことによっていっそう具体的に身近なものとして受け止められると信じるからである。これによって、人間の最深部に働いている心の作用がもつ重要な意義が明瞭に理解されるようになることを願い、また強く期待する次第である。

出版にあたってはぷねうま舎の中川和夫社長にお世話になった。本書は五年ほど前に書き上げていたが、東北学院大学教授、鐸木道剛氏と中川氏のおかげでようやく日の目を見るに至ったことを深く感謝したい。

二〇一七年一二月七日

著者識

金子晴勇

1932年生まれ．アウグスティヌス，ルターとエラスムス，マックス・シェーラーらの研究を通して，宗教思想のダイナミックスを，人間学の視点と方法をもって探求する．専攻，倫理学・キリスト教思想史．京都大学大学院博士過程修了．岡山大学，静岡大学，聖学院大学教授を歴任．
著書，『ルターの人間学』（1975），『アウグスティヌスの人間学』（82），『キリスト教思想史入門』（83），『愛の秩序』（89），『聖なるものの現象学——宗教現象学入門』（94），『マックス・シェーラーの人間学』（95），『ルターとドイツ神秘主義——ヨーロッパ的霊性の「根底」・学説による研究』（2000），『エラスムスとルター——一六世紀宗教改革の二つの道』（2002），『アウグスティヌスとその時代』（2004），『現代ヨーロッパの人間学——精神と生命の問題をめぐって』（10）ほか多数．

霊性の証言　ヨーロッパのプネウマ物語

2018年１月25日　第１刷発行

著　者　金子晴勇《かねこはるお》

発行者　中川和夫

発行所　株式会社ぷねうま舎
〒162-0805　東京都新宿区矢来町122　第二矢来ビル3F
電話 03-5228-5842　　ファックス 03-5228-5843
http://www.pneumasha.com

印刷・製本　株式会社ディグ

ISBN 978-4-906791-77-4　　Printed in Japan

哲学

香山リカと哲学者たち
明るい哲学の練習
最後に支えてくれるものへ
中島義道・永井 均・入不二基義・香山リカ
四六判・二四四頁 本体二五〇〇円

時間と死
——不在と無のあいだで
中島義道
四六判・二一〇頁 本体二三〇〇円

哲学の賑やかな呟き
永井 均
B6変型判・三八〇頁 本体二四〇〇円

湯殿山の哲学
——修験と花と存在と
山内志朗
四六判・二四〇頁 本体二五〇〇円

九鬼周造と輪廻のメタフィジックス
伊藤邦武
四六判・二七〇頁 本体三二〇〇円

養生訓問答
——ほんとうの「すこやかさ」とは
中岡成文
四六判・二一〇頁 本体一八〇〇円

となりの認知症
西川 勝
四六判・二〇〇頁 本体一五〇〇円

アフター・フクシマ・クロニクル
西谷 修
四六判・二一〇頁 本体二〇〇〇円

破局のプリズム
——再生のヴィジョンのために
西谷 修
四六判・二六〇頁 本体二五〇〇円

超越のエチカ
——ハイデガー・世界戦争・レヴィナス
横地徳広
A5判・三五〇頁 本体六四〇〇円

宗教

最後のイエス
佐藤 研
四六判・二二八頁 本体二六〇〇円

死で終わるいのちは無い
——死者と生者の交差点に立って
三橋尚伸
四六判・二一六頁　本体二〇〇〇円

ダライ・ラマ　共苦《ニンジェ》の思想
辻村優英
四六判・二六六頁　本体二八〇〇円

神の後に　全二冊
マーク・C・テイラー／須藤孝也訳
Ⅰ〈現代〉の宗教的起源　Ⅱ 第三の道
A5判・Ⅰ＝二二六頁　Ⅱ＝二三六頁
本体Ⅰ＝二六〇〇円　Ⅱ＝二八〇〇円

グノーシスと古代末期の精神　全二巻
ハンス・ヨナス／大貫　隆訳
第一部　神話論的グノーシス
第二部　神話論から神秘主義哲学へ
A5判・第一部＝五六六頁　第二部＝四九〇頁
本体第一部＝六八〇〇円　第二部＝六四〇〇円

民衆の神 キリスト
——実存論的神学完全版
野呂芳男
A5判・四〇〇頁　本体五六〇〇円

回心 イエスが見つけた泉へ
八木誠一
四六判・二四六頁　本体二七〇〇円

聖書物語

ヨレハ記　旧約聖書物語
小川国夫
四六判・六二四頁　本体五六〇〇円

イシュア記　新約聖書物語
小川国夫
四六判・五五四頁　本体五六〇〇円

ナツェラットの男
山浦玄嗣
四六判・三一二頁　本体二三〇〇円

文学

ラピス・ラズリ版　ギルガメシュ王の物語
司　修画／月本昭男訳
B6判・二八四頁　本体二八〇〇円

ト書集
富岡多恵子
四六判・二二〇頁　本体一八〇〇円

幽霊さん
司　修
四六判・二一〇頁　本体一八〇〇円

ラーゲルレーヴのおばあちゃん
文と絵　司　修
A5判・四二頁　本体一六〇〇円

おじぎをしたなつめやしの木
文と絵　司　修
A5判・四二頁　本体一六〇〇円

天女《アプサラ》たちの贈り物《マーヤー》
鈴木康夫
四六判・二九〇頁　本体一八〇〇円

声　千年先に届くほどに
姜　信子
四六判・二二〇頁　本体一八〇〇円

妄犬日記
姜　信子著／山福朱実絵
四六判・一八〇頁　本体一〇〇〇円

サクラと小さな丘の生きものがたり
鶴田　静著／松田　萌絵
四六判・一八四頁　本体一八〇〇円

評論

トランプ症候群
――明日の世界は……
井上達夫・香山リカ
四六判・二〇八頁　本体一八〇〇円円

グロテスクな民主主義／文学の力
――ユゴー、サルトル、トクヴィル
西永良成
四六判・二四二頁　本体二六〇〇円

回想の1960年代
上村忠男
四六判・二六〇頁　本体二六〇〇円

《魔笛》の神話学
――われらの隣人、モーツァルト
坂口昌明
四六判・二四〇頁　本体二七〇〇円

ミケランジェロ周航
坂口昌明
四六判・二四〇頁　本体二八〇〇円

秘教的伝統とドイツ近代
――ヘルメル、オルフェウス、ピュタゴラスの文化史的変奏
坂本貴志
A5判・三四〇頁　本体四六〇〇円

自給自足という生き方の極意　小林和明
――農と脳のほんとう
四六判・二一〇頁　本体一八〇〇円

〝ふつう〟のサルが語るヒトの起源と進化　中川尚史
四六判・二一六頁　本体二三〇〇円

『甲陽軍鑑』の悲劇　浅野裕一／浅野史拡
――闇に葬られた信玄の兵書
四六判・二五六頁　本体二四〇〇円

評伝

折口信夫の青春　富岡多恵子／安藤礼二
四六判・二八〇頁　本体二七〇〇円

この女《ひと》を見よ　江刺昭子／安藤礼二
――本荘幽蘭と隠された近代日本
四六判・二三二頁　本体二三〇〇円

民俗

安寿　お岩木様一代記奇譚　坂口昌明
四六判・三二〇頁　本体二九〇〇円

津軽　いのちの唄　坂口昌明
四六判・二八〇頁　本体三二〇〇円

ぷねうま舎
表示の本体価格に消費税が加算されます
二〇一八年一月現在